智库 中社

国家智库报告 2018（23）
National Think Tank

新时代中非友好合作

中非人文交流与合作

吴传华　郭佳　李玉洁　著

CHINA-AFRICA PEOPLE-TO-PEOPLE AND CULTURAL EXCHANGES AND COOPERATION

中国社会科学出版社

图书在版编目(CIP)数据

中非人文交流与合作 / 吴传华，郭佳，李玉洁著．—北京：中国社会科学出版社，2018.8

（国家智库报告）

ISBN 978 - 7 - 5203 - 2990 - 3

Ⅰ.①中…　Ⅱ.①吴…②郭…③李…　Ⅲ.①中外关系—文化交流—研究—中国、非洲　Ⅳ.①G125②G140.5

中国版本图书馆 CIP 数据核字（2018）第 184932 号

出 版 人　赵剑英
项目统筹　王　茵
责任编辑　喻　苗
特约编辑　赵　丽
责任校对　李　剑
责任印制　李寡寡

出　　版　中国社会科学出版社
社　　址　北京鼓楼西大街甲 158 号
邮　　编　100720
网　　址　http://www.csspw.cn
发 行 部　010 - 84083685
门 市 部　010 - 84029450
经　　销　新华书店及其他书店

印刷装订　北京君升印刷有限公司
版　　次　2018 年 8 月第 1 版
印　　次　2018 年 8 月第 1 次印刷

开　　本　787 × 1092　1/16
印　　张　10
字　　数　102 千字
定　　价　45.00 元

凡购买中国社会科学出版社图书，如有质量问题请与本社营销中心联系调换
电话：010 - 84083683

充分发挥智库作用
助力中非友好合作

当今世界正处于大发展、大变革、大调整时期。世界多极化、经济全球化、社会信息化、文化多样化深入发展，和平、发展、合作、共赢成为人类社会共同的诉求，构建人类命运共同体成为各国人民共同的愿望。与此同时，大国博弈激烈，地区冲突不断，恐怖主义难除，发展失衡严重，气候变化凸显，单边主义和保护主义抬头，人类面临许多共同挑战。中国是世界上最大的发展中国家，人类和平与发展事业的建设者、贡献者和维护者。2017 年 10 月中共十九大胜利召开，引领中国发展踏上新的伟大征程。在习近平新时代中国特色社会主义思想指引下，中国人民正在为实现“两个一百年”奋斗目标和中华民族伟大复兴的“中国梦”而奋发努力。非洲是发展中国家最集中的大陆，是维护世界和平、促进全球发展的重要力量之一。近年来非洲在自主可持续发展、联合自强道路上取得了可喜进展，从西方人眼中“没有希望的大陆”变成了“充满希望的大陆”，成为“奔跑的雄狮”。非洲各国正在积极探索适合自身国情的发展道路，非洲人民正在为实现“2063年议程”与和平繁荣的“非洲梦”而努力奋斗。

中国与非洲传统友谊源远流长，中非历来是命运共同体。中国高度重视发展中非关系，2013年3月习近平主席担任国家主席后首次出访就选择了非洲；2018年7月习近平主席连任国家主席后首次出访仍然选择了非洲；5年间，习近平主席先后4次踏上非洲大陆，访问坦桑尼亚、南非、塞内加尔等8国，向世界表明中国对中非传统友谊倍加珍惜，对非洲和中非关系高度重视。2018年是中非关系的“大年”，继习近平主席访问非洲之后，中非合作论坛北京峰会将于9月召开，这是中非合作论坛史上的第三次峰会。中非人民对此充满热情和期待，国际社会予以高度关注。此次峰会必将进一步深化中非全面战略合作伙伴关系，推动构建更为紧密的中非命运共同体，成为中非关系发展史上又一具有里程碑意义的盛会。

随着中非合作蓬勃发展，国际社会对中非关系的关注度不断加大，出于对中国在非洲影响力不断上升的担忧，西方国家不时泛起一些肆意抹黑、诋毁中非关系的奇谈怪论，诸如“新殖民主义论”“资源掠夺论”“债务陷阱论”等，给中非关系发展带来一定程度的干扰。在此背景下，学术界加强对非洲和中非关系的研究，及时推出相关研究成果，讲述中国在非洲的真实故事，展示中非务实合作的丰硕成果，客观积极地反映中非关系，向世界发出中国声音，显得日益紧迫重要。

中国社会科学院以习近平新时代中国特色社会主义思想为指导，按照习近平总书记的要求，努力建设马克思主义理论阵地，发挥为党和国家决策服务的思想库作用，努力为构建中国特色哲学社会科学学科体系、学术体系、话语体系作出新的更大贡献，不断增强我国哲学社会科学的国际影响力。我院西亚非洲研究所是根据当年毛泽东主席批示成立的区域性研究机构，长期致力于非洲问题和中非关系研究，基础研究和应用研究并重，出版发表了大量相关著作和论文，在国内外的影响力不断扩大。

为了服务国家外交大局，配合即将召开的中非合作论坛北京峰会，西亚非洲研究所与国际合作局共同组织编写了《新时代中非友好合作智库报告》。这是一套系列智库报告，包括一个主报告和八个分报告。主报告《新时代中非友好合作：新成就、新机遇、新愿景》总结了党的十八大以来，中非双方通过共同努力，在政治、经贸、人文、和平安全等合作领域取得的伟大成就，分析了中国特色社会主义进入新时代为非洲发展和中非合作带来的新机遇，展望了未来中非友好合作的新愿景和重点对接合作领域。分报告包括：《中非直接投资合作》《“一带一路”倡议与中非产能合作》《中非减贫合作与经验分享》《中非人文交流合作》《中非和平与安全合作》《中国与肯尼亚友好合作》《中资企业非洲履行社会责任报告》和《郑和远航非洲与21世纪海上丝绸之路》。它们分别从不同领域和角度详细阐述了中非合作取得的成就，面临的问题和挑战，以及未来发展合作的建议。主报告和分报告相互联系，互为一体，力求客观、准确、翔实地反映中非合作的现状，有利于增进人们对中非关系的认识和了解，为新时代中非关系顺利发展提供学术视角和智库建议。此外，这套智库报告英文版将同时出版，主要面向非洲国家和国际社会，向世界表明中非友好合作完全符合双方26亿人民的根本利益，完全顺应世界和平稳定与发展繁荣的历史潮流。

这套智库报告从策划立项到组织编写，再到印刷出版，前后只有5个月，时间紧，任务重，难免有缺憾和疏漏之处。例如，非洲国家众多，但国别合作报告只有一本《中国与肯尼亚友好合作》，略显单薄，如果至少有5—10本类似的国别合作报告，那么整套智库报告将会更为全面，更为丰满，希望将来有机会弥补这一缺憾，能够看到更多的中非国别合作报告。相信在国内非洲学界的共同努力下，我国的非洲研究和中非关系研究将不断攀登新高峰，从而更好地服务国家战略，助力新时代中非友好合作全面深入发展。

中国社会科学院副院长

蔡　昉

2018 年 8 月

摘要： 人文交流是国与国、民与民之间增进了解、加深理解、建立互信的桥梁，是中非关系全面深入发展的必要条件和重要体现。经过双方多年的共同努力，中非文化交流与合作机制不断提升完善，中非文化交流正在向常态化和品牌化发展，中非影视合作成效显著，中国文化中心日益发挥着重要作用，中国不断加大对非洲文化领域人力资源培训，为非洲培养了大量文化人才。中非教育交流与合作不断取得新进展，呈现出规模日益扩大、领域不断拓展、形式趋于多样、层次逐步提升等特点。中非双方持续加强合作，在合作机制、留学生教育、孔子学院建设、高校校际交流合作、职业技术教育合作、教育援助等方面取得了显著成果。中非文化教育交流与合作亦面临许多问题和挑战，包括非洲文化产业发展落后、非洲教育状况不容乐观、中非文化相互影响较弱、中非教育合作水平较低、中国文化中心和孔子学院建设遇到一些困难等。未来中非双方需要进一步加强合作，推动中非文化教育交流与合作不断迈上新台阶，着力打造“民心相通”工程，为中非关系顺利发展提供强大动力，夯实社会民意基础。

中非医疗卫生合作是中非合作论坛约翰内斯堡峰会提出的中非“十大合作计划”之一。事实上，中非卫生领域的合作由来已久，自 1963 年中国向阿尔及利亚派出第一支医疗队开始，中非之间的卫生合作已取得丰硕成果。新时期中非医疗卫生合作逐渐从传统友谊型援助向多层次、宽领域、全方位合作方向转变，呈现出向纵深拓展的发展趋势。与此同时，中非医疗卫生合作也面临着一些观念层面与实际操作中的问题与挑战。为此，中方应调整工作思路，着眼长远，以巩固中非卫生合作成果，进一步扩大合作的有效性及影响力，拓展中国在非洲以及全球卫生战略布局中的利益，实现中非双方卫生领域的互利共赢，夯实中非传统友好关系。

加强中非新闻媒体交流与合作不仅是中非经济合作的客观需要，还是为了超越西方媒体的“他者”视角，呈现一个真实的非洲，同时有助于打破西方负面舆论对中非关系的错误定性和不实指责。近年来，随着中非关系全面快速发展，中国媒体越来越多地进入非洲，以不同于西方的中国媒体视角，来客观公正地报道非洲和中非关系，同时有力地推动了当地广播电视、传媒业的发展。中非媒体交流与合作在一定程度上改变了非洲传媒格局，带来了有别于西方媒体的报道视角和叙事方式，而这对非洲传媒和非洲民众的影响可能更加深远。我们在看到中非新闻媒体交流与合作取得很大进展的同时，更应该清楚地认识到其中存在的问题和挑战，并且采取务实有效的措施进行积极应对和解决，以推动中非新闻媒体交流与合作不断发展。

关键词：中非人文交流与合作；文化教育；医疗卫生；新闻媒体

Abstract: The people – to – people and cultural exchanges, a bridge facilitating the understanding and the establishment of mutual trust between peoples and states, is a precondition and important embodiment for the comprehensive and further development of China – Africa relations. After many years of joint effort, the China – Africa cultural exchange and cooperation mechanism has been constantly improved so that the cultural exchanges between the two sides have become normalized. China and Africa have achieved remarkable success in film and television industry cooperation, for which the Chinese cultural centers have been playing an increasingly important role. China has promoted the training of human resources in the field of African culture and trained a large number of cultural professionals for African countries. New progress has been made in educational exchanges and cooperation between China and Africa, demonstrating constant growth, ever increasing scale, continuous expansion in cooperation areas, diversified cooperation forms, and gradual upgrading of exchange levels. China and Africa have continued to strengthen their cooperation and have made remarkable achievements in such areas as cooperation mechanisms, education of international students, establishment of Confucius Institutes, intercollegiate exchanges and cooperation, cooperation in technical and vocational education, and educational assistance. Cultural and educational exchanges and cooperation between China and Africa are also confronted with many problems and challenges, including underdeveloped African cultural industry, poor educational conditions in Africa, limited cultural interaction between China and Africa, and difficulties in establishment of Chinese cultural centers and the Confucius Institutes. In the future, China and Africa need to further strengthen cooperation so as to lift China – Africa cultural and educational exchanges and cooperation to new heights, and strive to develop programs that help bring the Chinese and African peoples closer together and provide a powerful impetus for the smooth development of China – Africa relations by consolidating social and civil foundations.

China – Africa medical and healthcare cooperation is one of the "Ten Major China – Africa Cooperation Plans" put forward by the Chinese government during the FOCAC Johannesburg Summit. China – Africa cooperation in this field has a long history and fruitful results have been achieved since the first medical team was sent to Algeria in 1963. In the new period, China – Africa medical and healthcare cooperation has evolved gradually from traditional assistance into multilevel, wide - ranging, and all - round cooperation, with a trend of in - depth development. At the same time, medical and healthcare cooperation between China and Africa is also faced with some problems and challenges in terms of concept and practice. To this end, the focus should be on long - term development in order to consolidate the results of China - Africa health cooperation, further expand the effectiveness and influence of that cooperation, achieve mutual benefit and win - win results in this sector, and ultimately consolidate the traditional friendly relations between China and Africa.

Strengtheningexchanges and cooperation between Chinese and African media outlets is not only an objective requirement of China - Africa economic cooperation, but also an obligation to present a true Africa beyond the "other" perspective of the Western media, which will help present a positive alternative to false accusations of the nature of China - Africa relations by Western media coverage. In recent years, with rapid and comprehensive development of China - Africa relations, an increasing number of Chinese media organizations have entered Africa with the aim of providing objective and fair media coverage on Africa and China - Africa relations from a perspective different from that adopted by the Western media, which has greatly promoted the development of the local radio, television and the media industry. Media exchanges and cooperation between China and Africa have changed the media pattern in Africa to a certain extent and may have a far – reaching impact on the African media and the African people. In spite of the great progress made in media exchanges and cooperation between China and Africa, existing problems and challenges are real and require practical, effective measures to actively respond to and solve in order to promote further development of media exchanges and cooperation between the two sides.

Key Words: China – Africa people – to – people and cultural exchanges and cooperation, cultural education, medicine and healthcare, press media

目　　录

中国是世界上最大的发展中国家，是全球第二大经济体；非洲是世界上发展中国家最集中的大陆，是全球经济增长最快和最具发展潜力的地区之一。中国与非洲虽然相距遥远，但是双方友谊源远流长。中非历来是休戚与共的命运共同体，共同的历史遭遇、共同的奋斗历程让中非人民结下了深厚友谊，成为传承至今的宝贵财富。

60多年来，中非传统友谊经受住了时间和国际风云变幻的考验，历久弥坚。中共十八大以来，中国改革开放与和平发展事业站到了新的历史起点上，中国特色社会主义进入新时代，为中非关系发展带来新机遇，中非友好合作焕发出新的勃勃生机。双方高层互访频繁，政治互信不断增强，在涉及彼此重大核心利益的问题上相互支持，在国际事务中保持密切合作，中非关系的政治基础不断夯实；双方经贸合作保持强劲增长，大大丰富了中非友好合作的内容，为中非关系发展注入了强大动力；与此同时，双方在人文领域的交流与合作从无到有，从少到多，内容越来越丰富，形式越来越多样，领域越来越宽广，渠道越来越畅通，日益成为中非友好合作的新亮点，从而使中非关系的社会民意基础不断扩大和巩固。

我们常说：国之交在于民相亲，民相亲在于心相通。人文交流是国与国、民与民之间增进了解、加深理解、建立互信的桥梁，是中非关系全面深入发展的必要条件和重要体现。不可否认，与快速发展的中非政治关系和经贸合作相比，中非人文交流与合作显得相对滞后，相对薄弱，被认为是中非关系的“短板”。所幸，双方都已经深刻认识到人文交流与合作对于促进相互了解、加深彼此友谊、增强文明互鉴、推动中非关系健康稳定发展的重要意义。

习近平主席2013年3月访问坦桑尼亚时发表重要演讲指出：“我们要更加重视中非人文交流，增进中非人民的相互了解和认知，厚植中非友好事业的社会基础。”[①] 李克强总理2014年5月访问埃塞俄比亚时提出经贸和人文是齐头并进的“两轮驱动”，让中非合作进入快车道。2015年12月中非合作论坛约翰内斯堡峰会将“文明上交流互鉴”列为中非全面战略合作伙伴关系“五大支柱”之一，将人文合作计划列为中非“十大合作计划”之一。民心相通是“一带一路”倡议的社会根基和民意基础，是“一带一路”建设齐头并进推动的五大合作领域之一。上述足以说明，加强人文交流与合作已被提升至中非战略合作层面，受到中非双方高度重视，未来发展前景看好。

① 习近平主席在坦桑尼亚尼雷尔国际会议中心发表题为《永远做可靠朋友和真诚伙伴》的重要演讲，新华社达累斯萨拉姆3月25日电（2013年）。

第一章　中非文化教育交流与合作

“文化是一个国家、一个民族的灵魂。文化兴国运兴，文化强民族强。”中国与非洲都拥有悠久灿烂的文化，中国是四大文明古国之一，非洲是人类文明的摇篮，双方文化接触与交流源远流长。文化交流是中非人民友谊的重要纽带，是中非人民心灵沟通最好的桥梁。中非在彼此尊重、相互欣赏对方文化的基础上，积极开展文化交流与合作，为促进中非关系全面均衡发展，推动世界不同文明之间的平等对话，维护世界文化多样性做出了重要贡献。

教育是立国之本、强国之基，教育兴则国家兴，教育强则国家强。教育交流与合作是中非人文交流与合作的重要组成部分，是中非全面友好合作的重要内容。中非之间不断加强教育交流与合作，既有利于促进双方教育事业发展，提升国家教育水平，培养发展所急需的各类人才，帮助解决制约非洲自主可持续发展的人才不足瓶颈，为非洲经济和社会发展提供重要智力支持，又有利于巩固中非好朋友、好伙伴、好兄弟的关系。

一　中非文化交流与合作成就显著

经过双方多年的共同努力，中非文化交流与合作机制不断提升完善，中非文化交流正在向常态化和品牌化发展，中非影视合作成效显著，中国文化中心日益发挥重要作用，中国不断加大对非洲文化领域人力资源培训，为非洲培养了大量文化人才。

（一）中非文化交流与合作机制不断完善

中国与所有非洲建交国家都签署了政府间文化合作协定，并不间断地签署年度执行计划，为双方开展文化交流提供重要保障。近年来签署的中非文化合作协定执行计划有《中国与毛里求斯文化合作协定 2015 至 2017 年执行计划》《中国与博茨瓦纳文化合作协定 2015 至 2017 年执行计划》《中国与埃及文化合作协定 2015 至 2018 年执行计划》《中国与加蓬文化合作协定 2016 至 2020 年执行计划》《中国与塞内加尔文化合作协定 2017 至 2019 年执行计划》等。中非多层次、多渠道的文化对话与协商机制日趋完善，2012 年 6 月首届“中非合作论坛——文化部长论坛”在北京成功举行，中国和45个非洲国家的文化部长或文化代表与会，这是中非文化关系史上的一次盛会，为新时期加强深化中非文化交流与合作指明了方向、规划了蓝图。中非政府文化代表团互访不断，并通过金砖国家文化部长会议、“一带一路”国际合作高峰论坛等多边场合加强协商与合作，为中非文化关系顺利发展创造有利条件。

2014—2015年，根据两国元首达成的重要共识，中国与南非互办“国家年”活动，在对方国家全方位、立体化、多形式地展示本国文化与国家形象，加强双方人文交流和文明互鉴。2014年，“南非年”在中国成功举办，通过一系列丰富多彩的活动，让中国人民得以近距离领略“彩虹之国”的巨大魅力。2015年南非迎来“中国年”，全年共举办200多场各类活动，覆盖南非全国9个省份和主要城市，规模和影响空前。这是中国与南非，也是与非洲首次互办“国家年”活动，是新时代中南、中非在人文领域的重大交流活动，具有历史性意义。2016年，根据两国元首共同倡议、共同商定，中国与埃及互办“文化年”活动，庆祝两国建交60周年。习近平主席和塞西总统共同出席在埃及卢克索神庙广场举行的中埃建交60周年庆祝活动暨中埃文化年开幕式。此后一年里中埃双方共举办各类文化交流活动百余项，遍布开罗、北京、广州等两国的25个重要省市，参与人数和受众人数史无前例。中埃文化年是中国与阿拉伯国家举办的首个文化年，是世界两大古老文明在新时代进行交流互鉴的一大盛事，实现了真正意义上的“两个伟大文明之间的对话”。2017 年 4 月，中国—南非高级别人文交流机制在南非比勒陀利亚正式建立。其间，中南高端思想对话会、中非部长级医药卫生合作会议、第二届中非青年大联欢闭幕大会等一系列重要活动同时举行。这是中国同南非，也是同非洲国家之间首次建立高级别人文交流机制，旨在构建中非人文交流新格局，推动中非人文交流与合作全方位、高层次发展，夯实中非友好的社会民意基础。上述重大活动的举办和重要机制的建立，标志着中非人文交流与合作的机制日趋完善和提升，为扩大深化中非文化交流与合作创造了更好条件。

（二）中非文化交流与合作向常态化发展

据不完全统计，自 2000 年中非合作论坛成立至 2015 年中非合作论坛约翰内斯堡峰会召开之前，共有 155 个中国艺术团组赴非洲访演，210 个非洲艺术团组来华访演；共有 45 个中国艺术展赴非洲展览，19 个非洲艺术展来华展览；共有 73 起中国文化艺术界人士访问非洲，49 起非洲文化艺术界人士访华。[①] 赴非洲访

① 雒树刚：《中非文化交流是中非人民友谊的重要纽带》，北京周报网，2015 年 12 月 1 日。

演的中国艺术团中，既有双方文化合作协定框架下的常规文化交流艺术团，又有为举办“欢乐春节”活动而专门派出的艺术团，还有为配合中非外交关系大局而派遣的艺术团。例如2012年为中国与多哥、毛里求斯建交40周年，与贝宁恢复外交关系40周年，与乌干达建交50周年；2014年为中国与刚果（布）、坦桑尼亚、赞比亚建交50周年，中国政府派出上海、宁夏、河南、天津、南京等地的艺术团赴上述国家参加建交纪念活动。中国艺术团所到之处备受关注和欢迎，一系列丰富多彩的文化活动不仅促进了中非文化交流，传播了中国文化，而且密切配合中非外交大局，为巩固中非传统友谊、推动中非关系发展起到了积极作用。

2015年以来，随着中国与南非互办“国家年”、中国与埃及互办“文化年”等重大国家级活动的展开，中非文化交流达到一个史无前例的高度。越来越多的中国文化艺术团组访问非洲各国，为非洲人民带来武术、杂技、歌舞、民乐、京剧、川剧等丰富多彩的中国文化艺术表演，以及反映中国传统与现代的各种展览。与此同时，越来越多的非洲文化艺术团体应邀访华，赴中国各地进行演出展览，让中国人民有机会在家门口就能领略到原汁原味的非洲歌舞表演，聆听到独具特色的非洲鼓、木琴、拇指钢琴演奏，欣赏到独具特色的埃及纸莎草画、坦桑尼亚廷嘎廷嘎画、津巴布韦石雕、非洲木雕等展品。以南非“中国年”

为例，在文化领域，除了盛大的开幕式和闭幕式文艺表演外，还总共举行了44个文化交流项目，吸引了中国和南非百余家文化机构参与，双方文化交流的规模、频率和盛况空前。

与此同时，中非艺术团越来越多地参加对方国家举办的大型国际艺术节，成为近年来中非文化交流的一大亮点，也逐渐成为一种常态。如中国艺术团参加“南非国家艺术节”、埃及“阿斯旺国际文化艺术节”、津巴布韦“哈拉雷国际艺术节”、尼日利亚“阿布贾嘉年华”等；非洲国家艺术团来华参加中国国际合唱节、“相约北京”艺术节、上海国际艺术节、成都国际非物质文化遗产节、新疆国际民间舞蹈节等。这些艺术节为促进中非文化艺术团组互访、加强中非文化交流提供了重要舞台。

（三）中非文化交流与合作向品牌化发展

习近平主席指出，创新是引领发展的第一动力。自2006年中非合作论坛北京峰会以来，在双方共同努力下，中非文化交流不断创新机制、创新平台、创新品牌。经过多年打造，中非文化交流逐步形成了一些知名文化品牌，得到中非各方的高度认可和大力支持。

春节是中华民族最重要的传统节日，也是中华文化的重要载体，近年来正以昂扬的步伐走向世界。海外“欢乐春节”活动自2010年开始举办，逐步发展成为具有世界影响力的中国对外文化交流的重要品牌。非洲是最早举办“欢乐春节”活动的地区之一。以坦桑尼亚为例，“欢乐春节”活动已在该国连续举办9届，上至总统、总理，下至平民百姓，无人不知“中国年”，这是“欢乐春节”走向世界、走进非洲的一个缩影。不到10年时间里，“欢乐春节”在越来越多的非洲国家举办，规模越来越大，影响越来越广，成为促进中非文化交流的一个重要舞台，加强中非人民心灵沟通的一座重要桥梁，增进中非人民友好情谊的一种重要方式。“欢乐春节”活动由中非双方政府合作规划和指导，鼓励和吸引了中非众多文化艺术团体、中资企业及当地企业、华侨华人社团及孔子学院、当地社团及学校等方面积极参与，充分尊重非洲当地社会习俗，突出中非文化交流互鉴。本着上述原则，每年春节期间，中国都要派出一批“欢乐春节”艺术团赴非洲多国进行访演。以2018年春节为例，河南文化艺术团访问塞内加尔、科特迪瓦和加蓬三国，甘肃艺术团访问毛里塔尼亚、突尼斯、卢旺达、坦桑尼亚、毛里求斯五国，贵州艺术团访问贝宁、埃塞俄比亚和塞舌尔三国。中国艺术家与非洲艺术家同台表演，为当地民众带来丰富多彩的文化艺术活动，并通过各种媒体传播，走进非洲千家万户。

“中非文化聚焦”通过对年度中非交流与合作项目进行整合，统一规划、统一标识、统一宣传，形成一个叫得响的品牌。从 2008 年开始，逢双年在中国举办“非洲文化聚焦”活动，向中国人民展示非洲文化艺术；逢单年在非洲举办“中国文化聚焦”活动，向非洲人民展示中国文化艺术。该品牌涵盖诸多领域，采取多种形式，已在几乎所有非洲国家和中国许多城市举办活动，促进中非文化交流双向性、可持续发展。“中非文化人士互访计划”定位于“部级以下，演展之外”，旨在突破政府团、演出团、展览团“老三样”，打造中非文化艺术界人士进行互访交流的平台。在该计划下，“中非文化政策圆桌会议”“中非文化产业圆桌会议”和“中非文化遗产保护论坛”多年连续举办。“中非画家互访”项目也是该计划下的一个持续性交流合作项目，已使许多中非画家从中受益。2008—2017 年，共有来自南非、津巴布韦、埃塞俄比亚等国的 38 位非洲画家来华客座创作，同时有三十余名中国画家赴马拉维、坦桑尼亚、毛里求斯等非洲 15 国采风创作，他们的画作通过展览形式惠及更多观众。“中非文化合作伙伴计划”旨在打造中非文化机构、艺术院团、文化企业进行对口交流合作的平台，基本目标是推动中非各 100 家文化机构建立长期合作关系，促进中非文化交流精准化、长期性发展。通过该计划，中非文化机构在演出展览、人员培训、文物保护、非遗传承等方面签署和实施了一系列合作协议，帮助非洲国家发展文化事业。在该计划框架下，南京市博物馆与尼日利亚博物馆、内蒙古博物院与毛里求斯博物馆、上海大剧院艺术中心与佛得角国家剧院、辽宁芭蕾舞团与南非约翰内斯堡芭蕾舞团，中国文联与南非艺术理事会、中央文化管理干部学院与南非卡拉遗产研究院等，都建立了长期合作关系。

（四）中国与非洲影视合作成效非常显著

影视是一国文化的重要载体，是世界人民了解不同文化的重要渠道，通过影视开展对外文化交流与传播受到世界各国高度重视。中非影视交流与合作虽然起步较晚，但是发展势头良好，日益成为中非文化交流和文明互鉴中最为活跃、传播最快、受众最广的文化要素。

斯瓦希里语是非洲最重要的本土语言之一，也是非洲使用人数最多的语言之一，该语言集中在坦桑尼亚、肯尼亚、乌干达、卢旺达、布隆迪等东部非洲国家及周边地区使用，总人口达到一亿多人，而且继续保持增长之势。2011 年 11 月，经过各方共同努力，斯瓦希里语翻译配音版中国电视剧《媳妇的美好时代》（斯瓦希里语译名为《豆豆和她的婆婆们》）在坦桑尼亚国家电视台首播，受到当地观众的热捧，创下非常高的收视率，并且应观众要求多次重播。这不仅是第一部以斯瓦希里语译配的中国电视剧，而且是第一部以撒哈拉沙漠以南非洲本土语言译配的中国电视剧，对坦桑尼亚来说也是首部以斯瓦希里语译配的外国电视剧，此前任何国家的电视剧都没有这样做过。2013年3月习近平主席访问坦桑尼亚时在其《永远做可靠朋友和真诚伙伴》的重要演讲中专门提到了这部电视剧："中国电视剧《媳妇的美好时代》在坦桑尼亚热播，使坦桑尼亚观众了解到中国老百姓家庭生活的酸甜苦辣。"从而使该剧更为名声大噪。此后《媳妇的美好时代》又被译制成英语、法语、阿拉伯语、豪萨语、葡萄牙语等版本，在纳米比亚、肯尼亚、乌干达等二十多个非洲国家热播。

《媳妇的美好时代》开启了中国影视作品以本土化方式走进非洲的序幕。此后中非合作实施"中非影视合作工程"，挑选优秀的中国电视剧、电影、动画片和纪录片，将它们分别译成阿拉伯语、斯瓦希里语、豪萨语、英语、法语等多种语言，并聘请非洲当地配音演员进行配音，译配完成后供非洲国家主流媒体播出。照此模式，第一部阿拉伯语版中国电视剧《金太狼的幸福生活》在埃及国家电视台播出，第一部豪萨语版中国电视剧《北京爱情故事》在尼日利亚国家电视台播出，均取得良好反响。还有更多的中国影视作品被陆续译制成斯瓦希里语在东非地区播放，受到当地观众的欢迎，推动中非影视文化交流越走越远。对此，尼日利亚驻华外交官表示："将中国电视剧翻译成尼日利亚的民族语言，充分体现了中国对尼日利亚人民和民族文化的尊重。”[①]

与此同时，中国大力支持非洲影视业发展。以南非举办的非洲电视节为例，中国已经连续多年参加，其中2015年是以主宾国的身份参加，中国国际广播电台、中国国际电视总公司、江苏省广播电视总台、四达时代集团等20余家中国传媒机构参展，带去了百余部影视作品，包括电视剧、纪录片、动画片、综艺节目及整体电视频道等。一年一度的非洲电视节已成为非洲大陆最具影响力的电视商业展会，中国积极参与无疑大大提升了自身国际影响力和知名度，同时有力地促进了中非影视交流与合作。此外，首届中非国际电影节2017年10月在南非开普敦成功举办，“北京影视剧非洲展播季”从2014年开始已连续举办4年，由非洲华人传媒公司——环球广域传媒集团主办的“非洲万场电影放映工程”已在南非、纳米比亚、博茨瓦纳、坦桑尼亚等国开展。总之，中非影视交流与合作呈现由点及面、全面开花之势，对促进中非文化交流大有裨益。

（五）中国文化中心在非洲的影响力提升

在海外设立文化中心是中国政府为扩大中外文化交流与合作而采取的一项重大措施。相对于西方国家

① 刘志敏：《中国国际广播电台挂牌成立国家多语种影视译制基地》，国际在线，2014年1月23日。

而言，中国在海外设立文化中心起步比较晚，而且是从非洲开始的。1988 年 7 月，毛里求斯中国文化中心成立，这是中国在非洲也是在海外设立的第一个文化中心，至今正好有 30 年的历史。同年 9 月，贝宁中国文化中心随后建成，这是中国在海外设立的第二个文化中心，同样是在非洲建立。此后海外中国文化中心建设进入了十多年的停滞期，直到 2002 年 10 月埃及开罗中国文化中心落成，这是中国在非洲也是在海外设立的第三个文化中心，同时拉开了海外中国文化中心建设进入全面快速发展新阶段的序幕。截至 2018 年 7 月，中国共在海外设立了 35 个文化中心。2017 年，全球中国文化中心共举办各类文化活动 3000 余场，直接参与活动总人数近 500 万人次，培训学员逾 3.5 万人次。①

在非洲，除了上述 3 个已建成的文化中心以外，尼日利亚中国文化中心和坦桑尼亚中国文化中心分别于 2013 年 9 月和 2015 年 12 月成立，从而使非洲的中国文化中心数量增至 5 个。此外，中国已经与塞内加尔（2014 年 12 月）、南非（2015 年 12 月）、肯尼亚（2017 年 5 月）等国签署了互设文化中心的政府间协议，未来非洲中国文化中心的数量将会进一步增加。

作为派驻非洲国家的官方文化机构，中国文化中

① 涂赟：《缅甸仰光中国文化中心正式启用》，国际在线，2018 年 7 月 8 日。

心常年开展各类丰富多彩的文化活动，主要包括：一是文艺演出、艺术展览、影视播放等常规文化项目；二是讲座、研讨会、对话会等思想文化交流活动；三是根据当地人民需求开设汉语、武术、音乐、舞蹈、书画等中国文化培训班；四是与当地政府部门、文化艺术机构共同举办文化活动，或者积极参与当地重大的文化艺术节。此外，各文化中心还结合驻在国实际情况，努力打造独具特色的文化项目，如毛里求斯中国文化中心的舞蹈队、贝宁中国文化中心的舞龙舞狮队、坦桑尼亚中国文化中心的武术大赛等，都已成为当地广受欢迎、颇具影响力的文化品牌。非洲的中国文化中心虽然数量不多，但是在传播中国文化、促进中非文化交流、增进中非友谊方面日益发挥着重要作用。

（六）中国对非洲文化人才培训不断加强

文化人才培训既是中非文化交流与合作的重要内容，也是中国对非洲发展援助、中非人力资源开发合作的重要组成部分；既可以为非洲国家培养文化艺术专业人才和管理人才，又有利于扩大非洲国家的知华、友华力量，是功在当下、惠及长远的软援助方式。近年来中国对非洲文化领域的人力资源培训力度不断加大。2015年《中非合作论坛约翰内斯堡行动计划（2016—2018年）》提出3年内为非洲培训1000名文化人才的“千人计划”，为落实该计划，中国专门为非洲国家举办了一系列文化研修班、培训班，涉及领域非常广泛，包括武术、杂技、舞狮、竹编、陶艺、刺绣、声乐舞蹈、游戏动漫、影视制作、文物修复、非遗保护与传承、图书馆管理、剧院管理、文化创意等。

本着“授人以渔”的原则精神，中国为非洲国家培养了大批急需的文化人才，有利于提升非洲国家文化能力建设，促进非洲国家发展文化事业和文化产业。一些学员学成回国后，将自己在中国所学融入个人职业规划和事业发展中去，工作和生活状况大大改善，个人乃至家庭的命运因此而改变，文化人才培训的惠民效果彰显。与此同时，这些非洲学员又华丽变身为“师傅”，通过举办培训班、培训学校、手工艺作坊以及组建行业社团等形式，将自己在中国所学又传授给当地人，以点带面，逐步扩大，产生了良好的社会效应。对中非关系而言，人力资源培训本身也是促进相互认知、加深彼此友谊的重要渠道，非洲学员不仅接受专业培训，同时学习中国传统文化，了解中国社会发展状况，感受中国人民的友好热情，从而增加对华认同感、友好感和亲近感，他们回国以后也是对华友好的重要力量，是促进中非友谊的重要桥梁。

以武术培训为例。中华武术享誉世界，被视为最能代表中国文化的元素之一，也备受非洲人民喜爱，许多非洲朋友都是中国武术迷。近年来，中国通过

“请进来”与“走出去”相结合的方式，加大了对非洲武术学员的培训力度和武术事业的支持力度，取得了非常好的效果，成为中非文化交流与合作的一大代表性亮点。声名远扬的河南嵩山少林寺和天津霍元甲文武学校均是首批中国对非洲文化培训基地，也是专门肩负培训非洲武术学员的两大基地。2013—2017年，嵩山少林寺先后举办了5期“非洲武术学员培训班”，来自塞内加尔、科特迪瓦、喀麦隆等二十多个非洲国家的近百名武术学员在这里习武修禅，接受系统的少林功夫培训。天津霍元甲文武学校也举办了5期“非洲武术学员培训班”，为尼日利亚、莫桑比克、乌干达等二十多个非洲国家培训武术学员近百名。非洲武术学员来华不仅接受武术专业培训，还学习汉语和中国文化，与中国师傅们同吃同住同修行，结下了深厚情谊。与此同时，中国武术教练还“走出去”，远赴非洲各国，为当地培养了大批武术学员、教练员，甚至还对当地警察进行武术培训，以提升他们的执法能力，其中既有中国文化中心、孔子学院的武术老师，也有专门派遣的武术教练，执行长期或短期武术培训任务。

如今许多非洲国家都建立了全国性的武术协会，开设武术学校、武术培训班和武术俱乐部，举办全国性甚至洲际性武术大赛，武术运动在非洲发展方兴未艾。以埃及为例，武术在该国拥有广泛的群众基础，影响力与日俱增，目前全国约有 12 万青少年学习武术，埃及武术协会下设 26 个分支机构，每年举办 8 项全国武术锦标赛，对于武术推广发挥了重要作用。非洲武术锦标赛由非洲武术联合会主办，每两年一届，是非洲地区最高级别的洲际武术锦标赛，目前已举办了 6 届。在中国大使馆、孔子学院等方面的大力支持下，坦桑尼亚国际武术大赛已经举办了 4 届，吸引了越来越多的非洲国家的武术学员参加，影响力越来越大。基于对中国武术的特别喜爱，在 2017 年 4 月中国—南非高级别人文交流机制首次会议召开期间，南非总统祖马亲自点将，请少林武僧团到比勒陀利亚国家大剧院献上精彩表演，引发轰动效应。武术在非洲大陆的推广普及，有助于非洲国家体育事业发展，同时极大地丰富了中非人文交流与合作的内涵，在中非人民之间架起了一座友谊的桥梁。

二　中非教育交流与合作不断深化

近年来，中非教育交流与合作不断取得新进展，呈现出规模日益扩大、领域不断拓展、形式趋于多样，层次逐步提升等特点。中非双方持续加强合作，在合作机制、留学生教育、孔子学院建设、高校校际交流合作、职业技术教育合作、教育援助等方面取得显著成果。

（一）中非教育交流与合作机制不断完善

中国已经同所有非洲建交国家，包括2016年复交的冈比亚和圣多美与普林西比在内，都建立了教育交流与合作关系。2016年3月中国与冈比亚复交后，已有30名冈比亚学生获得中国政府奖学金资助来华学习。2016年12月中国与圣多美和普林西比复交后，原来在中国台湾学习的圣多美和普林西比留学生被转到天津大学和北京语言大学继续完成学业，2017年4月该国总理特罗瓦达访问北京语言大学时还看望了他们。中国与许多非洲国家签署了政府间教育交流与合作协定，并与阿尔及利亚、毛里求斯、喀麦隆、埃及等4国签署了学历、学位互认协议。良好的国家关系是推动中非教育交流与合作的坚实基础。

中非高等院校之间的交流与合作兴起于20世纪80年代。至2006年，中国共有20所大学与非洲29个国家的35所大学建立了校际联系。[①] 2009年11月，中非合作论坛第四届部长级会议倡议实施“中非高校20+20合作计划”，旨在引导鼓励中非高校之间建立长期稳定的合作伙伴关系，创新中非高校合作模式，全面深化中非之间的教育合作。2010年6月该计划正式启动，确定北京大学、天津中医药大学、苏州大学

① 刘宝利：《中非教育交流蓬勃发展》，《人民日报》2006年9月21日。

等20所中方大学与埃及开罗大学、加纳大学、尼日利亚拉各斯大学等20所非洲大学分别建立"一对一"的合作伙伴关系。在该计划的框架下，中非高校开展了诸多务实的交流与合作项目，包括教师互访、学生交流、师资培训、学术研讨、孔子学院建设、联合研究、联合培养研究生、共同开发课程等。中国教育部对参与该计划的中非高校在项目经费、交流互访、奖学金等方面给予大力支持。

中非智库论坛是中非智库之间进行交流与合作的一个重要平台，也是中非合作论坛框架下的一个机制化分论坛，自2011年成立至2017年已成功举办过7届会议，影响力和知名度日益提升。中国和非洲国家有关高校及其研究机构是中非智库论坛的重要参与方，为推动中非智库交流与合作、加强中非学术联合研究做出了积极贡献。"中非智库10+10合作伙伴计划"于2013年10月启动，旨在推动中非智库之间建立长期稳定的合作关系。目前参加该计划的中方高校有5所：北京大学非洲研究中心、浙江师范大学非洲研究院、外交学院非洲研究中心、中共中央党校国际战略研究中心、云南大学非洲研究中心；非洲国家高校有3所：南非斯坦陵布什大学中国研究中心、摩洛哥穆罕默德五世大学非洲研究所、埃塞俄比亚的斯亚贝巴大学和平与安全研究所。中非智库交流与合作从少到多，由浅入深，成果不断积累，中非联合研究队伍日益壮大，为推动中非关系更好发展建言献策，提供理论支撑和智力支持。

（二）中非留学生教育合作发展非常迅速

中非教育交流与合作始于留学生教育。1956 年中国与埃及建交，同年首批埃及留学生来华学习，这是中国招收的第一批非洲留学生。2000—2011 年，中国为非洲各国提供的政府奖学金名额从 1154 人增至 6316 人，增长了近 5 倍。[①] 截至 2012 年，中国共为非洲提供了 2 万多个政府奖学金名额。2012 年《中非合作论坛北京行动计划》宣布中国政府将实施“非洲人才计划”，在 2013—2015 年为非洲提供 1.8 万个政府奖学金名额，这基本上等于过去 50 多年间中国为非洲提供的政府奖学金数量之和。2015 年《中非合作论坛约翰内斯堡行动计划》又将 2016—2018 年中国为非洲提供的政府奖学金名额大幅增至 3 万个，同时还提供 2000 个学历学位教育名额，对非洲教育的支持力度达到历史之最。因此，截至 2018 年，中国累计为非洲提供政府奖学金名额约 7 万个。除中国政府奖学金以外，北京、上海、重庆、浙江等省市设立了地方政府奖学金，许多中国高校设立了学校奖学金，华为公司、国家开

① 中国教育部国际合作与交流司：《新世纪中国与非洲教育交流与合作的回顾与展望》，载张宏明主编《非洲发展报告（2011—2012）》，社会科学文献出版社 2012 年版，第 71 页。

发银行等设立了企业奖学金，使奖学金来源和形式趋于多样化，为更多的非洲有志青年提供来华学习机会。

20 世纪 90 年代以后，除了政府奖学金留学生以外，非洲国家陆续有自费留学生来华学习。刚开始数量很少，比如 1990 年只有 3 人，到 1999 年发展到 248 人。[①] 进入 21 世纪以后，来华学习的非洲自费留学生大幅增长，并在 2005 年首次超过了政府奖学金留学生人数。随着中国影响力日增和中非关系全面发展，选择到中国留学的非洲学生增长迅猛。据相关统计数据显示，2005—2014 年来华的非洲留学生数量年均增速达 35%，居所有来华留学生群体之冠。[②] 据中国教育部数据，2016 年来华外国留学生达 44 万人，其中非洲留学生 61594 人，占 14%，同比增长 23.7%。未来这一增长趋势将会继续保持，中国已成为非洲学子的重要留学目的国。从非洲留学生选择的学科专业来看，已从传统的农业、医学和语言类逐步拓展到经济、管理、教育、电子商务、国际政治等诸多领域。

通过留学生教育，中国为非洲国家培养了大批高素质专业人才。非洲留学生学成回国后，许多人活跃在政界、军界、工商界、学界和外交界，成为国家栋

---

① 中国教育部国际合作与交流司：《中非教育合作：发展经济，育人为先》，《人民日报》2000 年 9 月 12 日。

② 来华留学网、中国教育在线联合发布：《2014 年来华留学调查报告》，http：//www. eol. cn/html/lhlx/content. html。

梁之材，有的甚至担任国家领导人，为本国建设和发展事业做出了重要贡献。与此同时，这些人既熟悉本国和非洲情况，又非常了解中国，是加强中非联系的桥梁，增进中非友谊的使者，促进中非友好合作的重要力量。

（三）中非合作建设孔子学院成就很显著

肯尼亚内罗毕大学孔子学院是中非合作设立的第一家孔子学院，于 2005 年 12 月正式揭牌。此后孔子学院在非洲大陆遍地开花，经过十多年的发展，目前共有 41 个非洲国家设立了 54 所孔子学院和 30 个孔子课堂，累计培养各类学员 140 多万人，是“全球孔子学院办学成效最好的地区”。2017 年，非洲各孔子学院注册学员达 15 万人，其中有 3 所注册学员超过了 1 万人，举办各类文化活动近 2500 场。汉语教学在融入当地教育方面取得积极进展，已有 14 个非洲国家将汉语教学列入本国国民教育体系，21 所孔子学院所在的大学开设了中文专业，36 所孔子学院所在的大学开设了汉语学分课程。[①] 此外，孔子学院还面向当地政府部门、中小学和企业等提供汉语教学和培训服务，受到了社会各界的欢迎。

具体来看，非洲各国设立孔子学院的情况：南非

① 朱宛玲：《国家汉办负责人：本土化程度高是非洲孔子学院快速发展的重要原因》，国际在线，2018 年 5 月 16 日。

已成立5所孔子学院，是非洲拥有孔子学院数量最多的国家；其次是肯尼亚，有4所；摩洛哥有3所，居第三位；埃及、埃塞俄比亚、坦桑尼亚、尼日利亚、加纳、马达加斯加6国各有2所，博茨瓦纳、乌干达、佛得角等30个非洲国家各有1所孔子学院。非洲各孔子学院凭借中非友好的传统优势，结合当地实际情况，积极开展汉语教学和文化交流活动，知名度日益提升，影响力不断扩大，成为中非教育合作的一张闪亮名片，为推动中非人文交流、增进中非人民友谊、促进世界多元文化发展做出了积极贡献。

习近平主席指出，孔子学院属于中国，也属于世界。同样，非洲各孔子学院既属于中国，也属于非洲，是双方共建、共管、共有的宝贵教育资源。孔子学院秉承中非双方平等合作、互利共赢的办学理念和办学模式，得到当地政府、合作院校和社会各界大力支持。在2013年4月坦桑尼亚首家孔子学院——多多马大学孔子学院成立仪式上，该国副总统比拉勒称“孔子学院的成立对坦桑尼亚来说具有历史性意义”；多多马大学校长库凯拉则直言，学习汉语和中国文化不必“羞答答”，而是要争取走在前面。[①] 在2018年5月非洲孔子学院联席会议上，莫桑比克议会议长马卡莫女士高度评价孔子学院：“中文教育对推动莫桑比克经济社会

---

① 吴传华：《中国对非洲文化传播：现状与挑战》，载张宏明主编《非洲发展报告2014—2015》，社会科学文献出版社2015年版，第34页。

发展与进步具有重要意义，而孔子学院对推广汉语具有重要意义。”①

（四）中非职业技术教育合作不断加强

非洲经济社会发展和工业化进程需要大量的职业技术人才，中非产能合作和共建“一带一路”也需要大量的高技能人才。在此背景下，非洲各国对发展职业技术教育的重视程度不断提高，中非职业技术教育合作不断加强，合作方式包括中国为非洲援建职业教育机构，派遣中国教师到非洲国家职业院校任教，接受非洲留学生到中国职业院校学习，为非洲开展各类职业技术培训，中非合办职业技术教育等。

在20世纪80年代，中国就为苏丹援建了恩图曼职业培训中心，这是中国为非洲援建的第一个职业教育机构，后来逐步发展成为苏丹重要的职业技术教育基地，为当地培养了一大批职业技术人才，2015年中国政府又出资对该中心进行了改扩建。2007年中国与埃塞俄比亚政府合作建立了该国第一所现代化职业技术学院——埃中职业技术学院，这是中国援建非洲最大的教育项目之一。中国宁波职业技术学院与贝宁方面合作，于2016年10月成立了中非（贝宁）职业技术教育学院，通过中非合作办学的方式，以贝宁为中

① 朱宛玲：《2018年非洲孔子学院联席会议开幕，栗战书出席并致辞》，国际在线，2018年5月15日。

心辐射周边，为西非各国以及当地中资企业培训实用技能型人才。中国常州信息职业技术学院承担了为南非培养高技能人才的任务，2017 年 3 月首批 89 名南非学生来到该校，学习机电工程、电气自动化、网络通信工程等专业。中国金华职业技术学院为卢旺达培养的首批职业技术人才将于 2018 年完成学业，其中一些人回国后将在该院与卢旺达合作设立的达穆桑泽国际学院中任教，这样既助力母校在当地办学，又以自身所学回馈和反哺家乡，为本国建设与发展积极贡献力量。2018 年 7 月，中国援助马里职业技术培训中心项目举行移交仪式，马里总统凯塔及议长、总理等国家领导人出席。马里政府高度评价该项目“不仅将为马里未来经济建设培养大量优秀人才，也将对该国经济可持续发展起到积极作用”。

这些合作范例充分说明，中非职业技术教育合作对于加强非洲人力资源开发、提升非洲青年就业率、促进非洲经济社会发展，对于推动中国优质教育资源“走出去”、提升中国教育的国际化水平，对于促进中非人文交流与合作、推动中非产能合作与共建“一带一路”，都具有非常实际而又重要的意义。

（五）中国对非洲教育领域援助日益扩大

教育援助是中国对非洲援助的重要组成部分。鉴于教育事业对非洲人才培养和实现发展的重要性，中国政府历来非常重视对非洲国家教育领域的援助，并且不断加大援助力度。近年来，中国大幅增加奖学金名额，为非洲国家培养了大批各领域的专业人才；扩大各级学校教师来华培训规模，提升非洲国家师资水平；举办非洲国家大学校长研修班，加强双方在高校办学方面的交流与合作；派遣大批援外教师，帮助非洲国家提升教育水平；继续无偿援建各类学校，加强非洲国家教育基础设施建设；提供大批教学设备，改善非洲国家学校教学设备短缺或落后的状况。

在援建学校方面，新近建成或在建的学校项目有吉布提基础教育学校、肯尼亚内罗毕大学孔子学院、坦桑尼亚达累斯萨拉姆大学中国图书馆、佛得角大学新校区、厄立特里亚科技学院、布隆迪职业技术学校、赤道几内亚职业技术学校、科特迪瓦精英学校、纳米比亚毛泽东主席中学、博茨瓦纳莫帕尼小学等。以中国援助吉布提基础教育学校项目为例，该校位于首都吉布提市，总建筑面积约 6000 平方米，包括教学楼、行政办公楼、运动场和室外配套设施等，2015 年 6 月开工，2017 年 9 月投入使用，目前已跻身吉布提重点中小学行列。该国总统盖莱高度评价该项目“将推动吉布提教育事业的发展，对提升吉民众的教育环境发挥重要作用”。

中国的教育援助不仅极大地促进了非洲国家教育事业发展，有助于解决非洲国家发展面临的人才瓶颈问题，为非洲国家经济和社会发展提供智力支持，而且培养了大批知华、友华力量，为中非友谊不断加深、中非关系顺利发展奠定良好的社会基础。

（六）中非积极尝试教育领域的三方合作

师资短缺是非洲教育发展面临的一大瓶颈问题。联合国教科文组织认为，普及基础教育不仅要为普通人增加受教育的机会，更要为他们提供有质量的教育。为了帮助非洲实现全民教育的目标，培养有质量的教师队伍非常重要。为此，2012 年 3 月，中国政府出资 800 万美元，首次在教科文组织设立信托基金，为期 4 年（2012—2015 年），每年提供 200 万美元，用于支持非洲发展教育，重点是通过现代信息技术加强当地师资培训，为非洲培养出有质量的教师。该信托基金项目是中国通过教科文组织开展对非洲教育援助的重要举措，也是中国首次通过国际组织实施对外教育援助的新尝试。中方出资，与教科文组织的专业优势相结合，助力非洲教育事业发展，使非洲人民从中受益，这是一种行之有效的国际三方合作方式。

2012 年 11 月，信托基金项目启动仪式在联合国教科文组织巴黎总部举行。第一期总共有 8 个非洲国家从中受益：埃塞俄比亚、纳米比亚、科特迪瓦、刚果（金）、刚果（布）、利比里亚、乌干达和坦桑尼亚。该项目通过组织培训、提供多媒体设备、建立在线教育平台和数字化图书馆等方式，帮助非洲国家完善教师培养体系，加强教师培训机构能力建设，帮助非洲缩小与世界其他地区在教育领域的差距。以利比里亚为例，该国项目为期 18 个月，花费约 70 万美元，共为 4 所教育机构的 1454 名教师进行了培训。同样在该项目框架下，刚果（布）培训了 500 名当地教师，刚果（金）远程教学信息中心落成，科特迪瓦获得约 70 万美元的援助，其他受援国也都在加强教师培训、提升教学质量方面迈出了重要一步。鉴于该项目成效显著，受到各方高度评价，在第一期完成之后，中国政府又提供了 400 万美元，用于第二期资金，为期两年（2017—2018 年），多哥和赞比亚作为新的项目国加入，从而使受益国增至 10 个。

信托基金项目在非洲相关国家都设有代表处，由联合国教科文组织派驻教育项目官员负责统筹协调工作。项目实施前，充分考虑非洲当地发展的实际需要，经过深入沟通协调，才形成缜密的工作方案；项目实施过程中，各方通力协作，及时发现问题、解决问题，将项目落到实处；项目完成之后，由专家组进行综合评估，确保项目实效和各项目标的实现。中国国内的一些学校和教育机构被调动起来，参与到该基金项目中；驻非洲国家的中国使馆给予有力支持，当地中资企业提供技术、人才支持，进一步发挥它们的社会责任，同时为项目推进创造多元化、持久性的渠道。总之，该项目在对非洲援助方面开启了新的国际合作模式，起到了示范和带动作用，因此被誉为“种子项目”。

三 中非文化教育交流与合作面临的问题与挑战

中非文化教育交流与合作成就喜人，但同时面临许多问题和挑战，包括非洲文化产业发展落后、非洲教育状况不容乐观、中非文化相互影响较弱、中非教育合作水平较低、中国文化中心建设遇到一些困难以及孔子学院建设面临的问题等。

（一）非洲文化产业发展落后

非洲大陆是人类的起源地，拥有古埃及文明、阿克苏姆文明等辉煌灿烂的古代文明，拥有丰富的文化遗产和文化资源，其音乐、舞蹈、绘画、雕刻、服饰等文化在世界上独树一帜，并且通过各种方式和途径传播到世界各地。但是，长期的殖民统治不仅使非洲人民在政治、经济上遭受奴役和剥削，而且使非洲多元文化遭受破坏摧残，这是造成至今非洲文化产业不发达的根源。由于经济落后、财政困难，许多非洲国家对文化领域的投入非常有限，剧院、影院、图书馆等文化设施落后，对外文化交流既缺少经费，也缺少合适的演出场地。非洲国家的艺术团体绝大多数为民间自发成立，普遍面临经费不足、器具短缺、人员不稳定、演出交流机会少等问题，处于自生自灭的状态，很难得到政府部门和公共机构的有效支持。图书馆、博物馆等公共文化产业较为落后，出版印刷业不发达，出版物价格昂贵，文化遗产保护面临经费不足、人才匮乏、技术难关等问题。非洲国家越来越认识到振兴民族文化的重要性，在大力发展经济的同时，也在积极发展本国文化产业，但是目前状况很难在短期内改变，而是需要长期不懈的努力。

（二）非洲教育状况不容乐观

教育是兴国之本，非洲繁荣必须通过大力发展教育来实现。经过多年努力，非洲各国教育事业取得了长足进展。但是总体来看，非洲教育基础仍然薄弱，教育状况落后于全球平均水平。2016 年《非洲区域监测报告》显示，非洲每年有 3100 万儿童、2400 万少年和 3300 万青年流落校外；41% 的男孩和 55% 的女孩没有上学机会；小学完成率为 55%，初中完成率为 31%，高中完成率仅为 15%。许多非洲国家受财政困难限制，对教育领域投入不足，发展教育的远景目标和战略规划欠缺，配置资源有限。非洲教育发展不平衡现象突出，不同国家之间、不同地区之间、城市和乡村之间、富裕阶层和贫困百姓之间，教育资源和教育机会差别很大。非洲教育中性别不平等问题依然存在，在各阶段教育中，女生入学率均低于男生。非洲教育设施普遍落后，各级学校数量不足，教室、校园环境、办公条件亟待改善。非洲教育师资力量长期不足，教师数量缺口很大，现有教师中许多人需要资格认证和专业培训。由于出版印刷业落后、出版物昂贵等原因，非洲教育普遍存在教材不足的问题，学生们没有教材可用，教育质量很难得到保证。另据联合国预测，到2050年全球新增人口将达到24亿人，其中一半来自非洲，这些庞大新增人口的受教育问题必然会给非洲发展和非洲教育带来极大挑战。总之，无论从现状还是未来看，非洲教育形势都不容乐观。要实现联合国2030年教育领域可持续发展目标，确保公平、包容的教育权利，提供终身学习的机会，非洲还面临一系列困难和挑战，有些目标的实现甚至有可能遥遥无期。①

（三）中非文化相互影响较弱

由于地理、历史、语言、人文等方面的原因，总体来说中国文化与非洲文化之间的相互影响力还较弱。非洲人民对中国文化的了解还非常有限，一般民众尚停留在仅知道中国武术、杂技、春节等文化元素或文

① 刘秉栋、楼世洲：《非洲2030教育可持续发展目标》，《中国社会科学报》2017年6月22日。

化符号层面，缺少对中国文化的真正认知、认同和喜欢，还谈不上全面深入学习与研究。相对而言，西方文化虽然属于外来殖民文化，但其对非洲的影响已经根深蒂固。非洲在语言、文化、宗教、意识形态等方面与西方更为接近，尤其是年轻人中间“西化”倾向严重，受西方文化影响很深。有非洲学者对此直言不讳地表示，非洲人已经被西方文化“洗脑”，本地文化被忽视，日益边缘化，对包括中国文化在内的世界其他文化则知之甚少。另外，中国民众对非洲文化的了解也不多，对非洲历史、哲学、文学、思想、艺术等知之甚少。与其他文化对中国的影响相比，非洲文化对中国的影响很小。如果把政治交往、经贸合作和文化交流比作推动中非关系快速发展的“三轮驱动”，那么文化驱动显得力量不足，成为“拉后腿”的一轮。与此同时，相对于政治和经济影响力而言，文化影响力一旦形成之后，又是最持久深远的。因此，中非双方需要共同努力，进一步推动中非文化交流与合作，为中非关系发展创造有利条件。

（四）中非教育合作水平较低

近年来中非教育交流与合作取得了很大成就，但是依然无法完全适应中非关系快速发展的需要，在机制建设、参与主体、合作内容、合作形式、平衡发展等方面都需要进一步完善和提升。目前的中非教育交流与合作由双方政府主导，以教育援助为主要形式，以双方高校及研究机构为行为主体，同时有一些企业和社会团体参与进来，并形成了一些相应机制。但是，单靠政府合作机制，毕竟可配置资源有限，参与主体有限，受益群体有限；单靠援助方式，毕竟方式和手段单一，不利于提升非洲教育自主发展能力；单靠高校参与，不利于教育综合均衡发展，尤其是不利于基础教育发展。此外，中非教育交流与合作中还存在不平衡性或者说不对称性问题。以留学生教育为例，越来越多的非洲留学生选择来华学习，中国已成为非洲学生的重要留学目的国之一。但是，到非洲留学的中国学生不仅数量很少，而且主要集中在南非、埃及、坦桑尼亚等少数国家。据了解，除了一些政府奖学金留学生以外，目前在非洲国家高校或中学就读的中国学生主要是当地华人华侨的子女，而且他们大多把非洲教育经历作为“跳板”，最终目的是要到欧美国家留学。这种状况虽然是由全球留学形势所决定的，即人们大多选择前往教育发达国家留学，但是从长远来说，不利于培养中国的“非洲通”人才，需要逐步加以改变。

（五）中国文化中心建设遇到一些困难

目前非洲的中国文化中心已有5个，新的文化中心还在陆续规划和建设之中。任何事物的发展都非一帆风顺，中国文化中心也是如此，在建设过程中会遇到各种问题和困难。第一，非洲大陆有 54 个国家，迄今中国文化中心只在 5 个国家设立，在数量上还很少。第二，现有中国文化中心主要分布在西非、北非和东非，而南部和中部非洲大陆地区尚未设立，在布局上还不完善。第三，从非洲方面来说，有些国家对设立中国文化中心抱有疑虑态度，或者考虑以此为条件换取中国在其他方面的支持，致使双方在文化中心建设方面的谈判进展缓慢。第四，从中方来说，文化中心建设离不开有关部门、机构大力协调推进，需要人力、物力、财力、政策措施等方面的支持。第五，从外部影响来说，中国文化中心建设受到西方负面舆论的干扰。中非关系快速发展引起有些西方国家的忧虑不安，认为其在非洲的利益受到威胁，遂千方百计破坏中非关系，恶意中伤中国发展，炮制了所谓“中国威胁论”“新殖民主义论”等歪理邪说。在文化领域，西方以警惕中国“文化殖民主义”“文化渗透和入侵”为幌子，试图干扰正常的中非文化交流与合作，对中国在非洲开设文化中心和孔子学院进行攻讦。这些恶意中伤虽然无法破坏中非友好合作的大局，但由此产生的一些负面影响往往在所难免。

（六）孔子学院建设面临的问题

十多年来，非洲孔子学院发展非常之快，数量迅速增加，规模不断扩大，影响力日益提升。与此同时，一系列相应问题也随之显现，未来发展面临许多挑战。例如师资问题，中方派出了大批专业教师和志愿者教师赴非洲孔子学院担任教学和管理任务，但仍然无法满足需求，而且由于大多数非洲国家生活条件艰苦，治安环境较差，加之相关待遇不高，难以吸引优秀人才到非洲长期从事孔子学院工作，派出教师难、派出高水平和高素质教师更难的问题一直存在。此外，培养和聘用本土汉语教师工作尚处于起步阶段，而人才培养绝非短期之功，对合格而又敬业的本土汉语教师的需求缺口依然很大。再如教材问题，孔子学院汉语教学面临教材不足的问题，而且教材编写水平参差不齐，更重要的是缺少针对性，脱离非洲实际，直接影响语言学习者的积极性和学习效果。有的孔子学院积极尝试以非洲本土语言推进汉语教学，并且开创性地编纂了供学习者使用的词典，如津巴布韦的《汉语—休纳语词典》,[①] 这种做法值得肯定，但是词典编纂质量有待提高，内容有待改进。还有教学方法问题，孔子学院教学要真正做到“因材施教、因人施教、因非洲施教”绝非易事，需要进行长期探索，不断改进。上述教师、教材和教法三方面的问题被统称为孔子学院“三教”问题。此外，由于受西方影响等原因，非洲当地也有个别对孔子学院持有疑虑态度的声音，冠

---

① 休纳语（Shona），一般译为“绍纳语”，津巴布韦第一大民族语言，与英语、恩德贝莱语同为官方语言。

之以“文化殖民主义”“文化入侵”等不实之词，给孔子学院发展带来不利影响。

四 扩大深化中非文化教育交流与合作的建议

中非双方需要进一步加强对话，密切合作，进行顶层设计，制定总体规划，明确长远目标和优先发展战略，整合各方资源，提供政策支持，付诸实际行动，推动中非文化教育交流与合作不断迈上新台阶，着力打造“民心相通”工程，为中非关系顺利发展提供强大动力、夯实社会民意基础。

（一）继续加强扩大中非文化交流

中非文化交流是一项长期历史任务，需要常抓不懈。趁着中非文化交流的良好势头，进一步推动中国文化走进非洲，既包括以武术、杂技为代表的中国优秀传统文化，也包括彰显中国改革开放伟大成就以及反映中国人民美好生活和精神面貌的现代文化，从而让非洲人民更客观全面地了解中国、认识中国。与此同时，文化交流是双向的，“走出去”要与“请进来”相结合，也要把具有代表性的非洲文化艺术引到中国来，让中国老百姓有机会欣赏原汁原味的非洲文化，从而改变非洲只有贫穷、落后、战乱、疾病的刻板负面印象，认识了解一个真正的、富有文化的非洲。为了全面扩大和加强中非思想文化交流，可积极考虑举行“中非文化对话”，参加人员包括中非政府官员、专家学者、文化人士以及各类文化从业人员等。中非乃至世界范围内一切与文化有关的议题都可以在“中非文化对话”上讨论，具有广泛性、开放性和包容性等特点；可以每年举行一次，举办地既可在中国，也可在非洲或者轮流举办。

（二）努力推动中非文化产业合作

非洲国家文化产业普遍落后，与中国进行文化产业合作的愿望强烈，希望中国能够帮助其发展文化产业。双方宜抓住这一时机，鼓励中国文化企业走进非洲，加强双方在文化产业、文化产品方面的合作。例如非洲大多数国家出版印刷业落后，出版物成本高、价格高，普通老百姓买不起，而中国的出版印刷业在技术水平、机器设备、成本控制等方面正好与非洲形成互补，满足其需求，可以考虑把该行业作为中非文化产业合作的一个试点。再如大多数非洲国家旅游纪念品种类单一，风格雷同，做工粗糙，附加值不高，对此可考虑围绕非洲国家丰富的旅游资源，双方合作开发、设计、生产旅游纪念品，推动相关产业发展。中国文化产品在非洲文化市场上所占的比例还很低，对非洲文化贸易进展缓慢。在非洲出版物市场上，几乎见不到来自中国的图书、杂志和音像资料。要改变这一状况，应积极考虑利用当地出版物市场和商业网络推介中国文化出版物。中国影视剧走进非洲的道路还很漫长，需要加大扶持力度，将更多的优秀国产影视剧译制成非洲当地语言，与非洲国家影视主管部门和机构加强合作，逐步实现从非营利推介到半商业化再到完全商业化播放的过程，推动中国影视剧走进非洲。商业演出方面，可以选择一些经济条件较好、中国文化基础较好的非洲国家或城市，进行有益的探索和尝试，再逐步推广开来。非洲当地的一些文化资源、文化机构、文化平台可以为我所用，通过与它们合作为中国推动对非洲文化贸易、开展商业演出和市场化运作服务。

（三）全面深化提升中非教育合作

中非教育交流与合作不仅意义重大，而且大有可为。中非教育部长论坛对于加强政府间合作、对中非教育交流与合作进行战略规划具有重要意义，宜根据形势需要和各方愿望及时举办，必要时可以考虑使之成为机制化论坛。深化扩大中非教育合作需要加强双方政府的主导作用，同时发挥各类学校和教育机构的积极性和主动性，吸引有关企业和社会力量积极参与；除了教育援助以外，可以积极考虑引进市场化模式，鼓励对非洲教育市场投资，实现互利共赢。未来需要中非双方创造更多有利条件和机会，不仅欢迎更多专家学者和留学生来华；同时鼓励更多中国专家学者和留学生赴非洲，通过学习、进修、科研等形式，加强对非洲的了解和研究，培养“非洲通”人才。中国与发达国家合作办学已有多年历史，可以总结其中的经验，用于同非洲国家合作办学，当然前提条件是要结合非洲实际。

（四）加快非洲中国文化中心建设

非洲中国文化中心建设方面，除了已经建成的5个以外，中国还同塞内加尔、南非、肯尼亚等国签署了互设文化中心的政府间协议。中非双方需要进一步加强沟通与合作，保障这些文化中心顺利早日建成，为促进中非文化交流发挥积极作用。在此基础上，需要进一步增信释疑，消除有些非洲国家的疑虑，充分考虑彼此关切的问题，推动更多非洲国家签署文化中心协议，并争取早日建成，实现中国文化中心在非洲各地区和重点国家全覆盖。到2030年之前，以在非洲建成10—15所中国文化中心为理想目标。同时，中国亦欢迎非洲国家在中国设立文化中心，成为推广非洲文化的常设性机构和常态化平台。

（五）提升非洲孔子学院办学水平

在未来几年甚至更长的时间里，孔子学院发展的重点应放在提高已建成学院的办学质量上，而非数量上的扩张。中国教育部官员强调，经过这十几年的快速发展，孔子学院建设已经到了提质增效的关键期，“质量是孔子学院事业的生命线”①。这说明中国教育部门已经充分认识到提升孔子学院的办学质量问题，也是将来需要花长时间、下大力气完善提升的方面。非洲孔子学院全面深化改革需要坚持问题导向、标准引领，逐步健全各类质量标准体系，实施好“国际汉语教育标准工程”，深化教师、教材、教法“三教”改革，理顺中外方合作关系，积极融入当地社会，真正成为具有教学权威和内在吸引力的语言文化机构。办学方面，考虑到非洲国家众多，国情各不相同，民族、宗教等问题复杂，不同国家、不同地区的孔子学院办学需要结合当地实际情况，建立科学有效的教学体系，增强针对性，形成自身特色，提升办学质量和效果，真正做到“因非洲施教”。师资方面，非洲汉语教学的推广普及和可持续发展，归根结底要依靠大量本土教师，因此需要进一步加大培养力度；中方外派教师则需要提高资格和素质要求，不仅是汉语教师，而是要了解非洲，熟悉对非洲文化交流，能够胜任的复合型人才。舆论方面，需要从多方面、多角度、多手段加强宣传孔子学院的社会实效和积极意义，为孔

① 《教育部副部长田学军到孔子学院总部/国家汉办调研》，孔子学院总部/国家汉办网站，2017 年 6 月 16 日。

子学院发展创造良好的舆论条件。

（六）防止和消除西方的负面干扰

有非洲学者指出，中非交流与合作确实存在一些障碍，其中包括文化差异障碍；由于受西方影响较深，有的非洲精英并非真正了解中国、认同中国；西方将中国的发展强大视为一种威胁，因此会时常恶意歪曲中非关系，刻意抹黑中国形象。大多数非洲人并不喜欢西方的鼓吹宣传，但是舆论的力量过于强大，一部分人难免受到影响。因此，如何讲述中国在非洲的真实故事，让非洲人民了解一个真正的中国，就不能通过第三方的媒体报道和舆论宣传来了解中国，为此，还有许多工作要做。一方面要加强同非洲国家的沟通与合作，共同驳斥西方的各种不实论调，努力防止和消除西方负面舆论对中非关系的干扰和破坏。另一方面，我们常说以国际化的语言讲好中国故事，将中国故事的内容与国际化的语言形式有机结合起来，既有价值取向，又寓教于乐，既不要机械刻板，也不要空喊口号，让广大受众想听、愿听、爱听，内容固然重要，形式也同样重要，提升我们国际化的语言能力显得尤为迫切。此外，在应对不利话语处境、驳斥西方不良媒体恶意中伤方面，中国官方、媒体、智库需要一个有效的、完善的协调机制，从不同层次、不同渠道、不同角度共同发声，形成自己强有力的话语体系。

第二章 中非医疗卫生交流与合作

卫生一直以来都是非洲乃至全球发展领域的重要议题，特别是自埃博拉疫情之后，卫生的重要性越发凸显，加强卫生系统的相关内容不仅被写入非洲“2063 年愿景”，也在联合国“2015 年后可持续发展议程”中占据重要地位。中非医疗卫生合作迄今已有 50 余年的历史，2015 年约翰内斯堡峰会将中非卫生合作列入中非“十大合作计划”中，不仅体现了卫生合作在中非关系中的重要地位，也标志着中非卫生合作进入向纵深发展的新时期。近年来，非洲国家不断加强卫生领域的改革，通过动员和整合各方资源着力解决卫生领域中最薄弱的环节，诸如公共卫生体系建设、全民健康覆盖等，加快基于本土及自有方案应对健康与发展挑战的进程。非洲的卫生改革恰逢中国的“十三五规划”以及“健康中国 2030”纲要启动，中国与非洲有着相似的发展经历和同样的健康追求，中国在卫生领域已经取得的成就可以为非洲国家所借鉴和分享，中国未来的健康规划与中非医疗卫生合作同向而行。尽管新时期中非医疗卫生合作呈现出崭新的局面，中国对非洲的卫生工作与之前相比表现出更注重协同性，更加开放、灵活、务实的特点，但与此同时，双方合作也面临一些问题与挑战，这些问题和挑战或者来自观念层面，或者存在于实际操作之中。为此，要加强对非卫生合作的顶层设计和资源整合，将中非卫生合作放到更高的战略层级上，纳入中国的全球卫生外交与卫生安全战略整体格局中，提高设置和引领国际卫生议题的能力，并解决实践中存在的关键性问题，从而建立中非医疗卫生领域多层次、全方位的合作伙伴关系，形成协同、合作、开放的中非医疗卫生合作新格局，让医疗卫生领域的合作成为中非合作的亮点。

一 非洲医疗卫生状况

非洲是世界上卫生状况最为落后的地区之一，它拥有全世界12%的人口，却承受着全球约24%的疾病负担，① 许多国家医疗基础设施落后，缺医少药情况严重，医护资源匮乏，卫生体系支离破碎，无法有效运

① “Atlas of African Health Statistics 2016：Health Situation Analysis of the African Region”，World Health Organization，Regional Office for Africa，p. 21.

转，疾病预防和治疗工作面临巨大压力。总体而言，目前非洲的卫生状况具有以下四个特点。

（一）面临着传染病与慢性非传染病的双重威胁

非洲大陆一直以来深受艾滋病、疟疾和结核三大传染病困扰。据世界卫生组织统计，2015 年非洲艾滋病病毒携带者和感染者（HIV/AIDS）人数约为 2550 万，约占全球患者的 70%，[①] 15—49 岁人口感染艾滋病病毒的比例为 4.6%，[②] 撒哈拉沙漠以南非洲 2015 年新增感染病例约 140 万，占全球新感染艾滋病人数的三分之二以上，死亡 80 万。[③] 世界卫生组织《2016 年世界疟疾报告》显示，2015 年全球有疟疾病例 2.12 亿，42.9 万人死于疟疾，其中 90% 的疟疾病例和 92% 的疟疾死亡病例集中在非洲，约 8 亿非洲人面临患疟疾的风险，疟疾已成为阻碍非洲社会经济发展的重要因素。[④] 目前非洲有 270 万结核患者，约占全球结核患者的三分之一，[⑤] 绝大多数结核死亡病例发生在非洲，大部分非洲国家结核的死亡率超过 20%。[⑥]

---

① http：//apps. who. int/gho/data/view. main. 22100WHO?，2017 - 01 - 20.

② http：//www. aho. afro. who. int/，2017 - 01 - 20.

③ "Aids by the numbers"，UNAIDS 2016，pp. 16 - 17.

④ "World Malaria Report 2016"，World Health Organization，pp. xv - xvi.

⑤ http：//www. afro. who. int/en/tuberculosis. html，2017 - 01 - 20.

⑥ "Global Tuberculosis Report 2016"，World Health Organization，p. 15.

除了传统传染病威胁以外，过去三十多年，由于全球化的影响，城市化的发展，生活方式的改变，预期寿命的延长，慢性非传染性疾病（NCD），例如冠心病、高血压、糖尿病、肿瘤、哮喘、慢性肝脏疾病和慢性肾脏疾病等在非洲的发病率也持续上升，传染病与慢性非传染病的双重负担给原本就资金短缺的非洲医疗卫生服务造成了巨大压力，使非洲面临更为严峻的公共卫生挑战。

（二）卫生支出总量不足且过度依赖外部援助

非洲近年来总体经济形势向好，卫生支出在国内生产总值中占比从 1995 年的 2.6% 增加到 2013 年的 5.8%，[①] 但是在各国政府预算中，卫生支出普遍位于相对落后的位置。2001 年，《阿布贾宣言》承诺将政府预算的 15% 用于卫生支出，但实际上大多数非洲国家至今无法兑现。至 2013 年，政府卫生支出占政府预算总支出的比例达到和超过 15% 的国家只有 7 个，分别是乌干达（24.3%）、卢旺达（22.3%）、斯威士兰（18.1%）、埃塞俄比亚（16.4%）、马拉维（16.2%）、中非共和国（15.9%）和多哥（15.4%），[②] 而且这些

---

① "Atlas of African Health Statistics 2016: Health Situation Analysis of the African Region", World Health Organization, Regional Office for Africa, p. 59.

② Ibid., p. 64.

国家的政府卫生投入中可能包含国外援助资金，大多数国家的政府卫生支出都低于《阿布贾宣言》承诺的标准，从而难以确保实现基本卫生服务的全民覆盖。

此外，非洲国家在卫生领域过度依赖国际援助或私人捐款等外来资金投入。2013 年，非洲国家外部援助资金占本国卫生总费用的平均比例为 10.4%，在世界卫生组织非洲区域所辖的 47 个非洲国家中，[①] 有 30 个国家外援资金占比超过该平均水平，最高的前 5 位分别是布隆迪（73.3%）、南苏丹（68.5%）、马拉维（68.3%）、利比里亚（57.8%）、刚果民主共和国（52.4%）。[②] 在许多国家，外援资金的增加很多时候并没有为非洲本国卫生投入的不足带来“补充效应”，反而形成一种“替代效应”，代替了非洲政府本应在医疗融资方面的努力，使得政府卫生支出占卫生总费用的比例不升反降。

（三）尚未建立有效的医疗卫生体系

非洲国家至今尚未建立起一个反应迅速、运转有效的公共卫生防控体系和医疗服务体系，2014 年埃博

---

① 世界卫生组织非洲区域所辖 47 个非洲国家，但不包括摩洛哥、突尼斯、阿尔及利亚、埃及、苏丹、吉布提、索马里，上述 7 个国家虽然地理上属于非洲，但在世界卫生组织的分区中隶属于中东区域。

② “Atlas of African Health Statistics 2016：Health Situation Analysis of the African Region”，World Health Organization，Regional Office for Africa，p. 66.

拉疫情的爆发和一度失控进一步暴露了这一体系的脆弱性。多数非洲国家只有城市医院可以获得公共财政支持，而区县医院、贫困地区、农村地区的卫生服务机构很难被公共财政覆盖，这导致了基层卫生机构在设备、药品、技术、管理等方面的滞后，城乡之间卫生发展不平衡，难以建立有效的卫生服务网络。此外，非洲国家卫生人力资源严重匮乏，平均每万人拥有医生 2.7 人，远低于世界平均水平的 13.9 人，在已有统计的 34 个非洲国家中，每万人拥有医护人员量少于 1 人的有 17 个，最低的利比里亚为 0.1/10000 人，马拉维、尼日尔、塞拉利昂为 0.2/10000 人，埃塞俄比亚和坦桑尼亚为 0.3/10000 人，即使在医疗条件相对较好的南非，也仅为 7.8/10000 人。①

（四）医疗卫生服务的可及性及公平性较差

一个合理的医疗卫生体系应该是逐渐增加基本医疗卫生服务的覆盖人口，同时保证医疗卫生服务的效率与公平。而人口覆盖率的增加，不仅取决于卫生资源的供给增加，还需要减少就医过程中的个人现金支付。世界卫生组织指出，当一个国家自费医疗支出超过医疗总支出的 20% 时，由医疗支出造成家庭财产危

---

① "Atlas of African Health Statistics 2016: Health Situation Analysis of the African Region", World Health Organization, Regional Office for Africa, p. 69.

机的风险就会加大，因为在患者直接支付费用过高的情况下，即使卫生设施、服务、产品到位，一般的家庭也无力支付相应的费用，从而对全民健康覆盖的推进造成巨大阻碍。而目前非洲国家的个人支出与卫生总支出占比平均为51%，在47个世界卫生组织所辖非洲国家中，除了津巴布韦和塞舌尔，其余国家全部超出了20%的安全范围，其中占比最高的几个国家甚至达到了百分之七八十，分别是塞拉利昂（86%）、几内亚比绍（80%）、尼日利亚（76%）、圣多美和普林西比（71%）、科摩罗和科特迪瓦（67%）。[①]

此外，非洲的医疗卫生服务供给偏向富裕阶层和城市居民，联合国千年发展报告显示，在以非洲为代表的发展中地区，最贫穷的20%家庭儿童发育迟缓的可能性是最富裕的20%家庭儿童的两倍还多；最贫穷家庭的5岁以下儿童死亡率几乎是最富裕家庭的两倍。[②] 由于接生环境和技术的问题，非洲孕妇死亡发生率占全球总数的二分之一，近三分之一的新生儿面临新生儿破伤风的威胁，还有近四分之一的1岁儿童不能享受脊髓灰质炎疫苗，[③] 而这些病例大多发生在医疗

① "Atlas of African Health Statistics 2016: Health Situation Analysis of the African Region", World Health Organization, Regional Office for Africa, p. 79.

② The Millennium Development Goals Report 2015, p. 8.

③ "Atlas of African Health Statistics 2016: Health Situation Analysis of the African Region", World Health Organization, Regional Office for Africa, pp. 97 - 113.

条件较差的农村地区。

总而言之，落后的医疗卫生状况对非洲各国的经济、社会、政治、文化等产生了重大影响，它延缓经济增长，加深贫困，削弱国家的综合国力与可持续发展能力，导致政府合法性降低，引发国内局势的不稳定；与此同时，随着全球化发展，世界日益相互依存，非洲的疾病传播及公共卫生事件不仅仅涉及非洲本身，也对全球公共卫生安全造成威胁，埃博拉危机已经为全球卫生安全拉响了警报。正因为如此，各方合作保障全球卫生安全是全球卫生机构的共识，也成为全球发展治理的核心议题。中国作为国际发展领域的积极参与者，与非洲的医疗卫生合作始于20世纪60年代，双方卓有成效的合作取得了丰硕的成果，并且在原有基础上不断深化和拓展。

二　中非医疗卫生合作的成就

自1963年中国向非洲派遣第一支援非医疗队开始，中非医疗卫生领域的合作迄今已有55年的历史，已形成包括派遣援外医疗队，援建医院和疟疾防治中心，赠送药品和医疗器械，双边卫生人员交流，人员培训等多层次、宽领域的工作模式。其中，援非医疗队是中非医疗卫生合作的抓手和主体，也是中国对非医疗援助中持续时间最长、派遣人数最多、影响最大的援助项目，已成为中国与发展中国家友好合作的典范。总体而言，中非医疗卫生合作所取得的成就主要表现在以下三个方面。

（一）形成了对口援助模式的医疗队派遣机制

1962 年，阿尔及利亚经过长期的反法武装斗争赢得独立，随即便面临法籍医生全部撤走、全民缺医少药的困境，并因此向全世界求救。在此背景下，中国第一个做出回应，宣布向阿尔及利亚派遣医疗队。1963 年 3 月中旬，由湖北、上海、天津等地 13 名医务工作者组成的医疗队在北京饭店受到周总理的接见，4 月 6 日踏上了赴北非的漫漫行程，由此开启了中国医疗队援非的序幕。与西方国家在对非医疗卫生领域多资助非政府组织进行有国别选择的“项目式”援助不同，中国主打的是不分国家大小、贫富，不论国际风云变迁的“综合式、常驻式、对口式”医疗援助，即由国内的某个省、自治区或直辖市对口至少一个非洲国家，向对口受援国派驻医疗队。绝大多数医生由三级医院（即中国内地医院等级划分中最高级别的医院）派遣，通常以内科、外科、妇科、儿科、眼科、口腔科等临床科室为主，西医与中医兼具，几乎全部具有中高级职称，每届医疗队任期两年（近年来一些国家的医疗队任期缩短为半年至一年半不等）。

在中国医疗队 55 年的援非历程中，除非因受援国与中国断交或受援国内乱等“不可抗”因素而撤离驻在国之外，从未由于自身原因中断援外医疗工作，而且一旦条件允许，受援国需要，便立即复派。

20世纪60年代，中国共向非洲7国派出医疗队，分别为阿尔及利亚（1995年因战乱撤离，1997年复派）、坦桑尼亚桑给巴尔、坦桑尼亚坦噶尼喀、马里、毛里塔尼亚、索马里（1991年因内战撤离）、几内亚、刚果（布）（1997年因内战撤离，2000年复派）。

70年代，中国与新独立的25个非洲国家建交，与60年代断交的7个非洲国家复交，中国对非援助在这一时期急剧增长，援非医疗队数量在这一时期也增幅最大。在继续向上述7国派遣医疗队的同时，中国又向其他22个非洲国家派遣了医疗队，使这一时期拥有中国医疗队的非洲国家增至29个。这22个非洲国家分别是：苏丹、赤道几内亚、塞拉利昂（1993年因战乱撤离，2003年复派）、突尼斯、扎伊尔（现在的刚果民主共和国，1997年因内战撤离，2006年复派）、埃塞俄比亚（1979年中断，1984年复派）、多哥、喀麦隆（1979年中断，1985年复派）、塞内加尔（1996年因断交中断，2007年复派）、马达加斯加、摩洛哥、尼日尔（1992年因断交撤离，1996年复派）、莫桑比克、圣多美和普林西比（1997年因断交撤离，2017年复派）、上沃尔特（现在的布基纳法索，1994年因断交撤离，2018年7月复派）、几内亚比绍（1990年因断交撤离，2002 年复派）、加蓬、冈比亚（1995 年因断交撤离，2017 年复派）、贝宁、赞比亚、中非（1991 年因断交撤离，1998 年复派；2013 年因战乱撤离，2017 年复派）、乍得（1979 年因断交撤离，1989 年复派；1997 年因断交撤离，2006 年复派；2008 年 2 月因内战撤离，同年 5 月重返）。

80 年代，派驻医疗队的非洲国家新增 10 个，分别为博茨瓦纳、吉布提、卢旺达、津巴布韦、乌干达、利比亚（1994 年因协议期满未续签撤离，之后未复派）、佛得角、利比里亚（1989 年因断交撤离，2005 年复派）、布隆迪、塞舌尔。

20 世纪 80 年代后期至 90 年代中期，是中国向非洲派遣医疗队的收缩期，由于中止外交关系或内乱等因素，1988—1995 年中国向非洲未增派医疗队，反而从 10 国撤出，分别为 1989 年撤出利比里亚，1990 年撤出几内亚比绍，1991 年撤出索马里、中非，1992 年撤出尼日尔，1993 年撤出塞拉利昂，1994 年撤出利比亚、布基纳法索，1995 年撤出冈比亚、阿尔及利亚。

1996 年至今，援非医疗队新派驻 8 国：1996 年向纳米比亚、科摩罗派遣医疗队；1997 年向莱索托、厄立特里亚派遣医疗队；2008 年向马拉维派遣医疗队；2009 年向加纳、安哥拉派遣医疗队；2012 年向南苏丹派遣医疗队。

截至2018年，中国已向非洲47个国家[①]派遣过约2万人次医疗队员，救治病人约2.1亿人次，并为非洲培训了数以万计的医护人员。目前由全国25个省市[②]派出的近1000名医疗队员，分布在非洲45个国家[③]，除在当地医院科室固定工作，还经常为边远贫困地区提供巡回医疗服务。

援非医疗队对口援助国家和地区

派遣省、市、自治区	对口援助国家和地区
河北	刚果（金）
山东	坦桑尼亚坦噶尼喀、塞舌尔
辽宁	冈比亚
黑龙江	毛里塔尼亚、利比里亚
甘肃	马达加斯加
青海	布隆迪
河南	埃塞俄比亚、厄立特里亚、赞比亚
江苏	坦桑尼亚桑给巴尔
湖北	阿尔及利亚、莱索托
湖南	塞拉利昂、津巴布韦
江西	突尼斯、乍得
浙江	马里、纳米比亚、中非
广东	赤道几内亚、加纳

① 历史上从未派遣过中国医疗队的非洲国家有：埃及、肯尼亚、尼日利亚、科特迪瓦、南非、斯威士兰、毛里求斯。

② 目前未派出援非医疗队的省、市、自治区有：吉林省、贵州省、海南省、新疆维吾尔自治区、西藏自治区、重庆市，以及港澳台地区。

③ 目前没有中国医疗队的国家有：埃及、利比亚、肯尼亚、索马里、尼日利亚、科特迪瓦、南非、斯威士兰、毛里求斯。

续表

派遣省、市、自治区	对口援助国家和地区
云南	乌干达
福建	塞内加尔、博茨瓦纳
山西	喀麦隆、吉布提、多哥
四川	莫桑比克、安哥拉、几内亚比绍、佛得角、圣多美和普林西比
陕西	苏丹、马拉维
安徽	南苏丹
北京	几内亚、布基纳法索
天津	加蓬、刚果（布）
广西	尼日尔、科摩罗
内蒙古	卢旺达
宁夏	贝宁
上海	摩洛哥

（二）建立了中非医疗卫生合作相关机制平台

“中非部长级卫生合作发展会议”始于2013年8月，迄今已举行两届。最初是为了落实2012年中非合作论坛第五届部长级会议通过的《北京行动计划》而举行，后发展成为一个机制化的平台。

“中非部长级卫生合作发展会议”的议题设置紧跟全球可持续发展议程，并契合中非人民在当下对健康生活的新要求和中非双方卫生事业发展的新趋势。例如2013年召开的首届会议，正值中国向阿尔及利亚派遣第一支援外医疗队50周年之际，会议的主题是“新形势下的中非卫生合作重点领域”，与会者回顾了中非卫生领域既往的合作，认为卫生是中非合作的重要组成部分，为发展中非关系、增进中非人民友谊发挥了重要作用，同时也注意到近年中非卫生合作所呈现的迅速发展之势，就进一步深化卫生合作的重点领域和合作方式进行了探讨，并达成共识。第二届会议召开于 2015 年 10 月，即西非地区的埃博拉危机刚刚结束之时，会议的主题为“提高医疗卫生服务可及性、推动‘后埃博拉时期’中非卫生合作”。与会者认为下一步的中非卫生合作应以公共卫生体系建设为核心，全面提升中非卫生水平，并确定了未来几年中非医疗卫生合作的重点领域和主要目标，包括中非将在疟疾、血吸虫病、妇幼健康、生殖健康等重点领域开展合作项目，推动解决困扰非洲国家的重大公共卫生问题；以提供基本医疗服务和药品可及性为目的，加强医院、企业机构之间的合作；未来 3 年，中国将向非洲国家派遣 1500 名援外医疗队员，与 40 个非洲国家合作开展包括“光明行”在内的各类短期义诊活动，支持 20 所高水平的中国医疗机构与非洲医院开展对口技术合作，提升非洲国家临床专科治疗水平，鼓励 10 所大型中国制药和医疗器械企业通过技术转移等方式与非洲伙伴开展合作，在非洲国家生产、维护并提供高质量的药品和医疗器械。

除了“中非部长级卫生合作发展会议”这一机制

平台，中非医疗卫生领域内的其他对话行动也在展开。在中方倡议下，2017 年 4 月，“中非部长级医药卫生合作会议”在南非比勒陀利亚召开，会议的主题为“中非卫生合作，从承诺到行动”，会议的主要目的就是汇聚力量，进一步落实好中非合作论坛约翰内斯堡峰会所提出的“公共卫生合作”计划，打造中非卫生合作新亮点，开创中非卫生合作更广阔的未来。会议期间，中国与马拉维签署了妇幼健康项目合作协议，与刚果（布）、加纳、毛里塔尼亚、赞比亚、尼日尔、乍得签署了对口医院合作协议，与塞拉利昂等国签署了开展“光明行”免费白内障手术合作协议。

上述机制平台的建立，主要有两方面意义：其一，推动中非卫生合作向机制化迈进。以往中国与非洲国家之间不存在卫生领域的多边定期会晤机制，面向全非的医疗卫生合作政策多是利用中国领导人不定期出访非洲，或在会晤来访的非洲国家领导人时提出，具有一定的随机性或随意性，“中非部长级卫生合作发展会议”等平台的建立使中非医疗卫生合作步入机制化轨道。借助中非医疗卫生合作领域一系列机制平台，中国政府在维系对非卫生合作政策的理念和原则连续性的基础上，对中非医疗卫生合作进行几年为限的前期总体规划。在先后召开的两届“中非部长级卫生合作发展会议”上，中方陆续出台了一系列惠及非洲国家、帮助其提高医疗卫生水平以及自主发展能力的新政策和新举措，使得中非医疗卫生合作无论在深度或广度、数量或质量上都达到了前所未有的高度。其二，促进了中非多边医疗外交的发展。以往中非之间多为一对一的双边卫生合作，“中非部长级卫生合作发展会议”等机制启动后，中非间医疗卫生合作的多边性质更为突出，形成了多边、双边磋商机制相互促进的格局，推动了中国与世界卫生组织，联合国艾滋病规划署，联合国人口基金，联合国儿童基金会，世界银行，全球抗击艾滋病、结核病和疟疾基金，全球疫苗免疫联盟等国际组织，非盟及非洲次区域组织之间的合作，这无疑有助于中非双方借助部长级卫生合作发展会议平台，通过集体协商，发挥中非双方的智慧，共同应对卫生领域的挑战。

（三）实施了“光明行”等品牌项目及行动

2012 年 7 月，在中非合作论坛第五届部长级会议上，中国政府宣布开展援非“光明行”行动，即选派国内眼科专家赴非洲开展免费的白内障病人手术复明项目。事实上，在正式宣布之前，“光明行”行动已于 2010 年就在非洲大陆开启，至今已在津巴布韦、马拉维、赞比亚、莫桑比克、埃塞俄比亚、塞拉利昂、苏丹、吉布提、科摩罗、博茨瓦纳、加纳、厄立特里亚、刚果（布）、布隆迪、摩洛哥、喀麦隆、多哥、毛里塔尼亚、塞内加尔、纳米比亚、马达加斯加等多个国家得以落实。它直接惠及普通百姓，使上万名白内障患者重见光明，成为名副其实的“民心工程”与品牌项目，对于配合国家外交战略，服务对外工作大局，做好新形势下卫生援外工作，拓展中非卫生援外合作领域，创新对外援助派遣模式及丰富对外援助内容有着非比寻常的意义。

而2014—2015年中国在西非埃博拉危机中的反应和行动则将中国援非医疗队以及中国负责任大国的国家形象推向极致。埃博拉疫情爆发时，美国、埃及、日本等国医护人员先后撤离疫区，中国援非医疗队却始终坚守一线，中国向疫区先后提供了4轮总价值约7.5亿元人民币的紧急援助，建设了首个生物安全防护三级实验室（P3实验室），并组织派遣了30余批公共卫生、临床医疗和实验室检测专家组，超过1000人次赴疫情国，开展大规模公共卫生培训，加强当地的疫情防控能力，累计完成公共卫生培训12471人次。[1]中国援助的大量物资和派出的防治队伍，对控制疫情的流行发挥了重要作用。

中国在这一过程中创造了多个历史第一和历史之

---

① 参见《金小桃副主任出席非洲抗击埃博拉国际大会》，http://www.sohu.com/a/23953136_120967，访问时间：2018年6月6日。

最。疫情爆发后，中国是世界大国中第一个做出反应的，被誉为“埃博拉爆发”一样的“中国反应”；这是中国历史上第一次派出最精锐的解放军成建制医疗队奔赴海外；是第一次包机将最先进的P3实验室运到疫区；是迄今为止最大的单次对外卫生援助，涉及了卫计委、外交部、商务部、财政部、民航、原总后多部门，调动了党政军多方力量，在中国援助历史上，没有一个事件受到国家领导人如此的重视。可以说，在抗击埃博拉的过程中，我们对非洲兄弟提供的不仅仅是物资方面的硬援助，更是政治与道义方面的软援助；不仅向疫区，而且向周边13个国家提供帮助；不仅关注当下，而且致力于后埃博拉时期非洲医疗卫生体系的长远规划，把能力建设、体系建设纳入中非医疗卫生合作中。埃博拉危机是人类在全球范围共同应对突发公共卫生危机的典型事件，中国快速、积极、全方位的参与受到国内外的极大关注，成为全球行动的重要组成部分。埃博拉这一事件事实上已经超越了公共卫生事件本身，成为各国软实力影响的博弈，而中国通过埃博拉这场战役展现了大国担当和对非关系中的引领作用。

三　中非医疗卫生合作的新趋势

近年来，随着国际国内形势变化，中非医疗卫生合作不断在创新中发展，通过双边与多边相结合、政府与民间相结合、技术支持与能力建设相结合、全科医疗与专科医疗相结合、长期派出与短期派出相结合、定期支援与项目管理相结合、援助与投资相结合、医疗服务与医学教育相结合等方式，逐渐从传统友谊型援助向多层次、宽领域、全方位合作方向转变。

（一）从双边援助到多边合作

如前所述，中非卫生领域的合作由来已久，从1963年中国向阿尔及利亚派出第一支医疗队起，五十多年来，中非卫生合作已形成包括派遣援外医疗队、援建医院和疟疾防治中心、赠送药品和医疗器械、双边卫生人员交流、人员培训等多层次、宽领域的工作模式。上述模式多为政府间双边援助，鲜有与第三方的多边合作。近些年来，特别是2014年埃博拉危机之后，中非之间的卫生合作逐渐呈现出由双边援助向多边合作发展的态势，且合作主体多元化，不仅包括政府，国际性、地区性组织，非政府组织，也包括企业、社会团体等民间机构。2014年5月，中国与世界卫生组织合作在桑给巴尔开展血吸虫病防控试点项目，开启了中国与国际组织在非洲国家开展卫生合作的首次探索；2015年3月，中国公共卫生专家参与了由世界卫生组织主导的塞拉利昂埃博拉防控多边合作；2015

年4月，中国疾控中心与非盟8个成员国代表，以及世界卫生组织、美国健康与人类事务部（HHS）、美国疾控中心（US CDC）、非洲现场流行病网络（AF-NET）、非洲实验医学协会（ASLM）等多家机构共同参与了非盟的非洲疾病预防控制中心建设的筹备工作；2015年4月中国—英国—坦桑尼亚疟疾防治试点项目也在坦桑尼亚启动。参与非洲卫生领域的国际合作是中国对非卫生工作的趋势，尤其是在中国资金、人力、技术资源无法完全覆盖的领域，尚有很大的合作空间，例如与国际质量认证权威机构合作援建药品质量检测中心、与国际组织合作建立生物等效性实验室等都是未来可能会开展的项目。

近年来，中非双方还积极推进中国企业在非洲卫生领域的投资。2017年，埃塞俄比亚宣布建设该国首家华人出资建造的私营医院，作为“一带一路”倡议的一部分，中资公司为这家有600个床位的医院提供3000万美元支持。同年辽宁一家医疗企业与坦桑尼亚政府签署协议，建造非洲最大的医疗设备生产工厂。“光明行”行动也得益于不少中资企业的出资出力，2010年11月，在安徽省外经建设（集团）有限公司和海航集团有限公司等中资企业的支持下，“2010非洲光明行”的中国专家在一周左右的时间内让马拉维和津巴布韦612名白内障患者重见光明，这也是中国企业在非洲举行的第一次大型民间公益活动。相比于政府机构，民间机构具有更高的创新热情，而且更加方便于走进基层，提高医疗卫生服务可及性，在完善非洲社区医疗体系方面有着政府机构不可比拟的优势，民间投资作为一种务实合作的新模式，正在成为官方援助有益的补充。

（二）由临床医疗到公共卫生体系建设

卫生问题“基础中的基础”，是公共卫生体系，即疾病预防控制体系的建立，它的效益虽非即时显现，但它可以通过公共卫生政策的制定、评价机制的完善、传染病防范措施的实施等方式，从宏观层面使受援国的卫生事业得到整体水平的提高，并形成良性发展，使民众的健康得到有力保障。非洲国家至今尚未建立起一个体系健全、响应及时、运转有效的公共卫生防控体系，为此，非洲在“2063 年议程”中将公共卫生体系建设放在卫生领域的重要位置，提出了“完全遏制埃博拉等传染病和热带病、大幅减少非传染性疾病发病率、将非洲人民的人均寿命提升至 75 岁以上”的发展目标。中国的卫生事业经过几十年发展，特别是在经历了 2003 年“非典”之后，建立起公共卫生管理的长效机制，公共卫生水平不断提高，中非医疗合作从之前医护人员的派出、医疗设备或药品的捐助等临床层面逐步向公共卫生体系建设层面转型，除了体现中国经验对非洲的分享，也是中非卫生合作向纵深发展的必然要求，即不仅仅关注非洲当下的卫生状况，更是从源头入手，着眼于非洲卫生事业的能力建设与长远规划，这符合中非双方的利益与需要。

2014 年埃博拉疫情爆发后，中方就向疫区国家首次派遣了多批公共卫生专家组成的医疗队，在基层进行疾病监测以及传染病防范知识的培训。未来几年，中国将以参与非洲疾病控制中心筹建为抓手，加强中非之间的公共卫生政策沟通，结合非洲发展目标和实际需求，深化扩大中非公共卫生合作。中国将支持非盟及各个非洲国家建立健全疾病预防控制体系，帮助非洲国家形成对疫情的监测、预警和快速反应能力，为及时处置突发公共卫生事件提供可靠保障；将协助非洲国家提高实验室技术能力，重点帮助防控影响非洲人民健康的慢性非传染性疾病以及疟疾、艾滋病、结核病、霍乱、埃博拉等可预防的传染性疾病和新发疾病；开展卫生人力资源培训，举办卫生相关专题培训班，为非洲国家培训卫生管理和医护人员，加强卫生技术转移，帮助非洲国家提升卫生事业的自主发展能力。

（三）由全科医疗向专科特色医疗深化

一直以来中国对非洲各国实行整齐划一，全科式的医疗援助，这种形式虽然具有各方兼顾的优势，但鉴于非洲国家情况各异，医疗水平参差不齐，这种一刀切式的援助模式往往也因为缺乏针对性而影响效果。近年来，中非卫生合作愈发注重差异化的国别政策，注重专科医学的交流与合作，在实践中表现为以下四种形式：

其一，建立专科中心。一些传统上的全科医疗队依据受援国的实际情况，在某些专业领域加以侧重，建立专科中心，以凸显援助效果。如援桑给巴尔医疗队在当地设立了微创外科中心与眼科中心；援坦桑尼亚医疗队在当地建立了以心胸外科为主的“中坦医疗技术与培训合作中心”；援毛里塔尼亚医疗队拥有中国援非医疗队中唯一一支疾病预防控制与公共卫生专家组；[①] 赞比亚麦纳索科医院成立了首个骨科门诊，并成为该院的“招牌”；医疗队还在阿尔及利亚等国开设了中医中心或中医诊所。

其二，对口医院合作。从 2015 年 12 月约翰内斯堡峰会至今，中国已先后与非洲 10 个国家建立对口医院合作关系，通过技术交流和转移，医护培训，加强专业科室建设，特别是在非洲空白的高层次专业技术领域，提升非洲国家临床专科治疗水平，同时在设备

① 参见郭佳《援非医疗队与中国在非洲的软实力建设》，载张宏明主编《非洲发展报告 No. 17（2014—2015）——中国在非洲的软实力建设：成效、问题与出路》，社会科学文献出版社 2015 年版，第 90 页。

维护、医院运营管理等方面开展支援合作。例如广东省人民医院心血管研究所专家团队与位于加纳第二大城市库马西的教学医院（Komfo Anokye Teaching Hospital, Kumasi, Ghana）进行心胸外科的合作，除了在库马西医院进行心脏外科手术，帮助医院成立心血管病治疗中心外，还邀请加纳医生到广东心血管病研究所学习，目的是使他们具备独立承担手术的能力，在加纳建立面向中西非的心脏中心。此外，还有北京阜外医院与南非格鲁特索尔医院（Groote Schuur Hospital）在心血管领域的合作，河南省人民医院与埃塞俄比亚提露内丝—北京医院（Tiluneisi Beijing Hospital）在创伤治疗与妇幼健康领域的合作等。

其三，短期项目式医疗队。约翰内斯堡峰会上，中国承诺未来向40个非洲国家派遣由临床专家组成的短期医疗队，除了继续正在进行的“光明行”项目，为非洲民众实施免费白内障手术以外，还将增设妇幼保健等专项医疗援助，进行理论授课、技能培训、义诊咨询和疑难病例会诊等医疗活动。例如2016年4月，四川省人民医院6名妇科专家组成医疗队，赴佛得角进行专项医疗援助，在9天的时间里，共计开展手术24台，其中卵巢囊肿剥除术、子宫腺肌瘤挖除术等填补了该国在这方面的技术空白。相比于传统上两年一轮换的全科医疗队，这种短期项目式医疗队更有针对性，更具灵活性。

其四，专项传染病防控。2007—2014 年中国与科摩罗启动“青蒿素复方快速控制疟疾项目”，8 年内将疟疾死亡人数降低到零，发病人数减少了 98%，这是人类通过主动的群体药物干预，首次在非洲国家成功地快速控制疟疾流行，也是中非之间进行专项传染病防控合作的一次尝试。未来几年，中国除了将在肯尼亚、马拉维、多哥等国家运用这一抗疟模式建立抗疟示范区以外，还将在防治艾滋病、结核等领域与非洲国家展开合作。

（四）助推中国医药品走进非洲

中国医药品难以走进非洲一直是多年来禁锢中非卫生合作向纵深发展的瓶颈。以青蒿素产品为例，青蒿素是中医药对人类的重大贡献，为此中国女科学家屠呦呦教授还获得 2015 年诺贝尔生理学或医学奖，以青蒿素为基础的复方药物是目前疟疾治疗的首选药物，并得到世界卫生组织的推荐。中国虽然是青蒿素的原创发明国，却在青蒿素类药品国际市场几乎“被出局”，据行业人士估算，在当前全球疟疾药品市场中，中国青蒿素药品所占份额不足 5%，中国制药企业更多只是充当了原料供应商的角色，长期处于供应链的最底层。这一现象的出现，既有中非医药体系差异、国际医药市场既有格局影响的原因，也有国内医药品行业与企业自身的因素。

国内医药品行业对这一问题的呼声由来已久，但是从国家层面上加以重视，甚至上升到国家战略层面，写入中国对非洲政策文件中，约翰内斯堡峰会是第一次。约翰内斯堡峰会提出“鼓励支持中国企业赴非洲开展药品本地化生产，提高药品在非洲可及性”，支持10所大型制药和医疗器械企业与非洲国家在药品研发和制造领域开展合资合作，转移相关技术，向民众提供可及、可靠、可负担的医药产品，疫苗及医疗设备。2016年11月，第六届中非卫生合作国际研讨会在上海召开，会议的主题就是“中非携手，提高医药产品可及性”。这次会议除了现场交流讨论以外，还安排了优质中国医药产业展示，就产品的标准和认证等问题与非方进行沟通，为中非供需对接搭建平台；此外，国家卫计委与中非发展基金筹备设立“中非医疗卫生联合基金”和“中非医疗器械联合基金”，以此加强对医药企业投资非洲的资金支持。这次会议成为落实约翰内斯堡峰会成果，助力中非医药产品合作的一次重要行动。

（五）注重中国经验在非洲的运用

除了公共卫生体系建设以外，实现“全民健康覆盖”是当前非洲卫生工作的另一个重点领域。全民健康覆盖的核心是对人口的“全面”覆盖和对“基本”医疗卫生服务的覆盖，即提高医疗卫生服务可及性，让每个人都可获得质量良好的卫生服务，而不会面临因付费带来的经济困难风险。多数非洲国家面临的挑战是如何在医疗卫生服务体系尚不健全的情况下，利用有限的资源来满足日益增长的需求。事实上，当今非洲很多地区的卫生状况与中华人民共和国成立初期的卫生情况十分相似，而中国在当时既有条件下短时期内建立了世界上最大、最高效的合作医疗体系和基层卫生组织系统，用实践证明了低收入国家也可以通过符合本国特色与国情的途径实现全民健康覆盖。中国经验包括政府主导、预防为主、注重基层等，即由政府主导进行医疗卫生领域的规划、筹资、监管，优先投入经济薄弱地区和重点领域，加强薄弱地区一级卫生服务体系建设，特别是农村医疗卫生服务体系，保证基层、农村地区卫生资源的可及性与公平性。中国当前在与非洲的卫生合作中，特别是在全民健康覆盖领域，尤其注重中国经验在非洲的运用，特别是在非洲国家最为薄弱的基层卫生体系建设方面。例如在农村仿照中国的赤脚医生模式培养基层卫生工作者，提高农村地区的初级卫生覆盖率，扩大医疗卫生可及性；再如，分享中国“预防为主”的理念，也就是组织全民参与的群众性卫生防疫运动，类似于中国的“爱国卫生运动”，在社区加强健康教育，改善生活环境。这是一种不同于西方医学“以治疗为本”的思路，这种思路的核心在于，用社会组织的手段，替代专业性的高成本、高技术投入，加强公共卫生体系建设。这种低成本方式尤其适用于缺乏资金和技术的发展中国家与贫困地区，对于深受传染病威胁的非洲国家具有借鉴意义。

综上所述，上述趋势与转变丰富了中非卫生合作的内涵和途径，使得合作主体更加多元化，合作渠道更加多样化，合作内容更具针对性和有效性，表现出更加开放、灵活、务实的特点，也体现了合作理念上的“关口前移”，即从治病到防病，着眼于长远，注重体系建设与能力建设，致力于从根本上解决非洲的卫生问题。中非卫生合作的不断深化，也推动着中国从全球健康治理的参与者逐步向全球健康议程的影响者和新型国际卫生发展援助体系的构建者转变。

四　中非医疗卫生合作的意义

五十多年来，中非医疗卫生合作在提高受援国人民的健康水平，增进与受援国人民的友谊，推动与受援国的友好合作，配合中国的整体外交工作，构建中国改革开放的良好国际环境等方面发挥了不可替代的作用。

(一) 促进了受援国医疗卫生事业的发展

援非医疗队在这方面的贡献尤其突出。一批批医疗队员远离祖国和家人，克服气候、疾病、战乱、生活、语言等诸多困难，在非洲受援国从事着异常艰辛的救死扶伤的工作。20 世纪七八十年代，医疗队员自制设备，或利用技术上的优势弥补设备上的不足开展临床救治；21 世纪后凭借诸如超声乳化白内障复明、心脏搭桥、内窥镜微创和关节置换手术等现代医疗技术与手段，为受援国病人提供更为广泛的医疗服务。援非医疗队在心脏手术、巨大肿瘤摘除、断肢再植、大面积烧伤植皮手术、修补整形等多个领域填补了受援国的医疗空白，并为非洲各国培训医护人员，完善医疗体系，建立起一批“永远不走的医疗队”。五十多年来，医疗队员们以高超的医术和为病人服务的职业精神赢得了非洲国家政府和民众的高度赞扬，被受援国政府和人民誉为“白衣使者”“南南合作的典范”和“最受欢迎的人”。截至 2013 年 8 月，中国援非医疗队有 962 人荣获受援国总统颁发的总统勋章或骑士勋章①，有 50 名医疗队员因为疾病、意外等原因献出

① 国家卫生和计划生育委员会国际司副司长王立基：《中国援外医疗队非洲史歌——献给中国援外医疗队派遣 50 周年》，http://www.moh.gov.cn/gjhzs/gzdt/201308/043fa7164ff44cb2bcf2ff330f08d266.shtml，访问时间：2018 年 6 月 9 日。

了宝贵生命。习近平主席在2013年看望援刚果（布）医疗队时首次提炼总结出中国医疗队精神，即“不畏艰苦，甘于奉献，救死扶伤，大爱无疆”。2014年授予中国援非医疗队的“中华之光”奖颁奖词则是对医疗队精神的生动写照：“大洋万里，如军令一日飞抵；五十年风雨驰援，两万人前赴后继；两种肤色的手相抚相握，涓滴温暖汇成长河；背井离乡，在此处扎根，播撒希望的种子；远渡重洋，在难中坚守，信诺大国的责任；这支天使的队伍名字叫中国，翅膀的边缘有五星闪烁。”

2000年中非合作论坛机制启动后，中非卫生合作被写进历届论坛会议的“行动”文件中，特别是自2006年中非合作论坛北京峰会开始，秉承“崛起的中国不会忘记非洲朋友”的诺言，中央进一步加大了对援非医疗工作的政策支持，在坚持传统的医疗队派遣方式的同时，积极探索医疗队派遣的新模式，同时加大了中非双方在重大传染性疾病防治以及公共卫生应急机制方面的合作力度，如2006年之后的3年时间里，为非洲国家援建30所医院，无偿援助3亿元人民币用于提供防疟药品和设立30个抗疟中心，并进行专业技术人员培训。2015年的“中非部长级卫生合作发展会议”上又提出了重点领域合作、对口医院建设等构想。可以说，中非医疗卫生合作为受援国医疗卫生事业的发展和所在国人民健康水平的提高做出了贡献。

（二）增进了中非民间友好关系

医疗援助属于国际人道主义援助的范畴，这使它没有军事援助背后的角力因素，也没有经济援助容易引发的诸如劳资纠纷、人权、环保等问题带来的负面影响，而是以维持生命的最基本需要为出发点，以普通民众为主要服务对象，传递的是救死扶伤精神和民生关切之情，具有“接地气”的天然优势，最容易博得受援国人民的信任与好感，从而促进了中非民间交往。

在缺医少药的非洲，许多国家的中国医疗队员是所在城市仅有的两三家综合性医院中的主要医疗卫生力量，许多科别的中国医生是该国仅有的几名该领域的专科医生之一，因此，对于很多非洲人来说，中国医生不仅是他们健康的依靠，更是其心理和情感的寄托。中国医疗队不仅仅救助生命，也承载着帮助受援国民众提升生存质量的梦想。它为受援国提供公共卫生产品而不求经济利益回报的利他性行为，以及它超越国界、民族、种族、社会制度，对于人类社会发展理想的追求与担当，淡化了其中的官方背景和“国家利益性”，最能收获民心，赢得民意，也因此被非洲人誉为“公认争议和负面评价最少、收获荣誉和掌声最多的中国援非项目”。在非洲很多国家，民众们不认识当地的中国外交官，却认识中国医疗队员。美国皮尤研究中心的调查显示，很多非洲国家对中国的好感与日俱增，而中国在非洲获得这种成就的方式之一就是提供公共医疗援助。

由于医疗卫生关乎每一个人生存、健康等最基本问题，因此援非医疗队除了在医院开展工作，接触普通民众，并为部分受援国总统、总理、部长等政界高层提供医疗保健服务以外，也有机会广泛接触受援国各行各业及各个阶层的人士。援非医疗队的“朋友圈”里有商界名流、军旅领袖、宗教人士、部落酋长；不仅有驻在国本国人，还有周边国家的外国人；不仅有非洲人，也有欧洲、亚洲等其他大洲的人；不仅有因医患关系结成的朋友，也有左邻右舍、办事机构的伙伴。这些人大多因治疗疾病与医疗队结识，或是在交往过程中得到过医疗队在健康方面的关照，因此对医疗队都心存感激、赞誉有加，并且保持着亲密友好的关系，还经常会邀请医疗队在工作之余参加受援国的各种官方、民间甚至私人活动，使得医疗队成为除使馆之外的驻外机构中外事活动最为丰富密集的团体。中国医疗队员的身份有时如同一张通行证，在政府部门、各行各业的办事机构中常常能得到特别的优待与眷顾。

有机会与受援国各个领域、各个阶层的人士接触并积极参与各类活动，不仅一改国际社会对中国人“封闭、保守”的固有偏见，展现出国人开放、自信的风貌，也成为援非医疗队于“润物细无声”中进行民间外交的绝好契机。

（三）促进了中非文化交流

中非医疗卫生合作中，不仅利用现代医疗技术救死扶伤，还将中国传统医药、针灸、按摩以及中西医结合的诊疗方法用于一系列西医束手无策的疑难杂症，创造了诸多“医学奇迹”，在治病的同时也将中国的传统文化融入非洲人民的生活，推动了中非民间文化交流。正如很多接受过中医治疗的非洲患者所言：“中国医疗队不仅让我们了解了中医，也让我们认识了中国人和中国文化。”

尤其是针灸，对环境、设备要求不高，却收效快、功效奇、又特别适合非洲的自然环境和生活习惯下多发的风湿病、关节炎、腰膝酸痛等病症的缓解和治疗，不仅普通民众认可、接受、喜爱，许多受援国高层也对其青睐有加。例如中国援刚果（布）第十六批医疗队就一直承担着对时任刚果（布）国防部长、总统府部长莱昆祖·伊蒂希·奥塞通巴（Lekoundzou Itihi Ossetoumba）的针灸诊疗工作。他因风湿性关节炎手指活动受限，在法国多家医院治疗无效后求助中国医疗队，经过一段时间的针灸治疗，取得了令人满意的效果。

目前大多数非洲国家都承认有3—4种医疗传统构成本国当前的医疗体系，分别是源于非洲信奉万物有灵论的医疗传统，源于欧洲的西方医疗传统，以及源于中国的中华医疗传统（有些国家还有源于阿拉伯的医疗传统），并且把中华医学视为已有成文典范，规范的科学医学。众所周知，非洲国家受欧洲文化影响颇深，中国传统医学能够与西方医学并立于非洲医疗体系之中，可以说与中国医疗队几十年来对其的推广、使用密切相关。由于在传播中华文化方面的杰出贡献，中国医疗队2014年荣获由文化部等多家机构共同颁发的第三届“中华之光——传播中华文化年度人物”集体奖。

（四）有力配合了官方外交工作

习近平主席在2013年访问非洲的时候曾指出，国之交在于民相亲。以中国医疗队为主体的中国对非医疗援助虽然属于官方援助的范畴，但如前所述，它的国际人道主义援助的性质，使它具有了亲近民众的天然优势，不仅淡化了其官方援助的背景，而且在某种程度上能起到官方外交所难以发挥的作用，成为中国对非公共外交中不可分割的组成部分，有力地配合了官方外交工作的开展。

20 世纪六七十年代是非洲国家赢得民族独立、同中国建交的高峰期，这一时期也是中国向非洲国家派遣医疗队数量最为集中的时段，因为许多非洲国家在同中国建交的初始就提出了派遣医疗队的请求，部分国家还将派遣医疗队作为同中国建交或复交的条件之一。作为中非友好及民间外交的“使者”，中国医疗队成为这一时期中国对非官方外交的有益补充。

1971 年，在第 26 届联合国大会上，23 个国家提出恢复中华人民共和国在联合国一切合法权利的提案，其中有 11 个是非洲国家，对此，毛泽东在提案通过后曾说：“是非洲兄弟将我们抬进了联合国。”而在这 11 个非洲国家中有 9 个是当时已经派遣了中国医疗队的国家，由此可见，援非医疗队对于中国打破外交困境，拓展外交空间或许确实发挥了潜移默化的作用。因为，在很多非洲国家，中国援非医疗队除了服务于广大非洲普通民众之外，还担负着服务于高层的任务，其中一部分医疗队可能会直接承担受援国国家元首或政府首脑的治疗和保健工作。这是一项非常敏感的工作，由此可见受援国实权人物对中国医疗队的信任，而这种信任必然也会或多或少地传导或反映到中非国家间的关系中。中国在人权、台湾、“入世”、申奥、申博等问题的诸多国际多边外交中之所以能够赢得众多非洲国家的国际支持，应当说，中国援非医疗队在其中发挥了潜移默化的作用。

正因为如此，中国国家领导人历来重视和关心援非医疗队的工作。2006 年时任国家主席胡锦涛、总理温家宝先后出访非洲，2013 年习近平主席访问非洲，以及 2014 年李克强总理访非均会见了当地的中国医疗队队员，几位领导人均肯定了援非医疗队在增进中非友谊、推动中非关系发展方面所做出的贡献。

五　中非医疗卫生合作的问题与挑战

中非医疗卫生合作经过几十年发展，已取得长足进步，但仍然面临一些问题与挑战，卫生战略与决策有待进一步规划与统筹，医护人员选派难有待解决，援助项目有待深耕细作，医药产品走进非洲的瓶颈问题有待突破，体系建设的相关技术转移和经验分享有待开发。

（一）战略、决策与管理问题

首先，在宏观战略层面，中非医疗卫生合作在中国对外合作整体格局中层级较低，长期以来停留在传统友谊型援助模式上，即使现在的合作形式不断丰富与发展，也仍然缺乏着眼全球卫生战略的顶层设计与长远规划。其次，在决策机制上，中非卫生合作是包含多个方面的有机整体，决策与管理部门涉及中央、地方两个层级的多个机构。在中央一级，除了国家卫计委以外，商务部、外交部、财政部等也在实际操作中发挥着重要作用。上述机构均为中国对外援助部际协调机制成员单位，但彼此间在决策机制上实现通盘考虑与统筹规划、保障决策的系统性和前瞻性方面，还需要进一步加强。最后，在管理方面，由派出省进行管理的合作项目，会由于各个省份财力、人力和组织能力的差别而导致项目质量上的差异。

（二）援非医护人员选派困难

医护人员是对外医疗援助的主体，然而选派难却成为目前困扰中国援非医疗队的一大难题，连带地也出现了派出人员素质下滑的现象。这其中既有客观原因，也有主观因素。其一，援非医疗队工资待遇失去了以往的吸引力。援非医疗队员的收入由国外待遇和国内收入两部分构成。目前一个中级职称的援非医疗队员在国外的月收入大约1500—2500美金之间①，再加上国内收入，应当说其工资待遇的绝对值不算低。

① 医疗队国外待遇中的“艰苦地区补贴”一项依驻在国不同而有所差别，进而导致了其国外待遇总额的差别。

援非医疗队员工资待遇偏低是比较或相对而言的，因为十几年前援非医疗队员的工资收入总和相当于其在国内收入的5倍左右，而现在基本上差别不大。其二，医院不愿派出医德好、医术高的医护人员。在经历了市场经济下的医疗卫生体制改革后，医院多呈现商业化、市场化倾向，在政府减少投入的情况下，医院要自寻补偿办法。加之现在的医院普遍规模较大，业务精的专业技术人员短缺，一般都是“一个萝卜一个坑”。考虑到执行援非任务对医院造成的技术力量的缺损，院方往往不愿将政治过硬、医德医术好的医生派出。其三，医护人员个人工作、生活的务实考虑或顾虑。外派医疗队员一般要在受援国工作一至两年，其间，不仅科研、教学以及个人业务水平的提升会受到影响；回国后，在竞聘上岗、职称评定等方面也都处于劣势。尽管国家卫计委相关文件明确规定，要给予援非医疗队员在职称晋升、岗位聘用方面一定的政策倾斜，但很多时候政策执行的不到位还是会动摇部分医护人员到非洲工作的决心。除去工作上的顾虑，非洲艰苦的生活条件，传染病及战乱的威胁，以及家庭的繁杂琐事也是医生们考虑较多的。

（三）部分援助项目效果欠佳

中非医疗卫生合作中相当一部分为援助项目，一些援助项目效果欠佳，主要表现在下述三个方面：首先，国内粗放型的援助模式往往显得“以我为主”，不考虑国别差异、受援国民众习惯以及当地环境特点。例如药品说明书没有翻译成受援国语言；药品剂型和规格缺乏人性化设计；药品名录不能根据受援国疾病谱的变化进行调整；基础设施援助缺乏配套设备与后续管理等。[①] 其次，中非文化差异使得符合“中国标准”的援助项目并不切合“非洲标准”。例如由于中非双方对“计划生育”概念理解的不同，在避孕产品的选择上也有所区别。中国计划生育的焦点是不要孩子，而非洲一些国家对计划生育的理解不是不要孩子，而是有计划地生孩子，即利用技术手段创造有利于孩子成长的生育间隔，因此在避孕产品的选择上，需要的是长效、可逆、不影响生育力恢复的产品，如果不了解当地的文化和价值观，就会把符合“中国标准”却并不适用于非洲的避孕产品投放出去从而造成援助物资的浪费。最后，因为缺乏与其他“利益攸关方”的沟通而导致援助项目得不到国际社会的认可。例如某援建医院，本来是按照受援国要求，为满足该国富有阶级的医疗需求而建设，因此定位较为高端，却由

① 参见郭佳《援非医疗队与中国在非洲的软实力建设》，载张宏明主编《非洲发展报告 No. 17（2014—2015）——中国在非洲的软实力建设：成效、问题与出路》，社会科学文献出版社 2015 年版，第 87—88 页。

于缺乏与有关方面的沟通，建成后被认为是不符合非洲实际需要的建设，达不到援助的预期效果。

（四）中国医药产品并未进入非洲主流医药市场

非洲医药市场需求巨大然而自身供给能力差，80%以上的药品依赖进口，尽管中国的药品具有价格低、质量高的优势，非常符合非洲市场的需求，却并不是非洲医药市场的主要进口国，事实上，中国目前进入非洲市场的药品大多是通过在非洲当地跨国注册的方式从私立市场进入的，极少有制药企业能够进入非洲的公立市场，而无论是从采购量还是影响力来说，进入公立市场才是进入非洲主流医药市场的标志，从这个意义上说，中国医药产品并未进入非洲主流医药体系。

医药产品进入非洲公立市场的渠道主要有两种，一是通过世界卫生组织等国际机构的多边市场采购，二是通过非洲各国的政府采购，进入这两种采购体系的入场券就是通过世界卫生组织的预认证（PQ认证）。PQ认证分为制剂认证和原料药认证两种，制剂认证主要针对艾滋病、疟疾和结核三大疾病的用药，截至2017年1月，在全球520个通过制剂PQ认证的产品中，中国产品只有16个，[①]主要为疟疾和艾滋病用药；[②]在获得PQ认证的100种原料药中，中国占有34个。[③]由此可见，能够进入国际供应商体系的中国医药产品寥寥无几，且大多充当原料供应的角色。尽管目前中国政府鼓励医药企业赴非洲投资建厂，以此助力中国药品走进非洲，但如果贸易无法先行，企业依然面临产品的市场准入问题。归根结底，难以通过世界卫生组织的PQ认证，是目前中国医药产品进军非洲主流医药市场的最大障碍。造成这一现象的原因主要有两点，其一，技术性壁垒。一方面，中国制药行业的药品生产质量管理标准不能与国际对接；另一方面，中国企业与国际组织接触不多，对国际招投标程序与规则认知有限，缺乏足够的经验。其二，企业自身的原因。因为PQ认证周期较长，一般需要3—5年，加之非洲公立市场药品采购招标价格不断压低，产品几乎没有利润可言，因此企业对于申请PQ认证内生动力

① 其中11种为疟疾用药，3种为艾滋病用药，1种结核用药，1种生殖健康用药。

② "Medicines/finished pharmaceutical products list", World Health Organization Prequalification of Medicines Programme, https://extranet.who.int/prequal/content/prequalified-lists/medicines, 2017-01-29.

③ "WHO List of Prequalified Active Pharmaceutical Ingredients (APIs)", World Health Organization Prequalification of Medicines Programme, https://extranet.who.int/prequal/content/active-pharmaceutical-ingredients-0, 2017-01-29.

不足。

（五）中非医疗卫生合作的领域有待进一步拓展

卫生事业的发展是一项复杂的系统工程，世界卫生组织认为，一个完善的卫生系统应包含下列几大体系：卫生服务体系、公共卫生体系、卫生筹资体系、人力资源体系、卫生信息体系以及药品供应体系。[①]卫生系统的整体缺陷，阻碍了非洲卫生发展目标的实现，而只有从卫生系统加强的高度进行改革，推进各个体系协同发展，才能使卫生事业整体向前推进。

当前中非医疗卫生合作的内涵愈加丰富，而在卫生体系建设方面的潜力依然有待释放。例如信息系统建设是非洲卫生领域急需加强的环节，由于数据信息的不足，政府无法根据人群需要确定基本卫生服务包，无法及时、准确地掌握卫生供求关系和卫生系统运行效能，而中国可以从国家层面制定卫生信息化整体规划方案，通过移动医疗、远程医疗、信息中心管理等项目，帮助非洲国家提升卫生信息化水平。再如，在卫生筹资体系建设方面，中非双方也存在很大的合作空间。实现全民健康覆盖，最需要解决的是资金来源问题，也就是筹集到足够资金并持续增长，不断提高覆盖面积和服务水平，这也是当前非洲国家实现全民

---

① http：//www. who. int/topics/health_ systems/en/，2017 -01 -26.

健康覆盖所面临的最主要挑战。以非洲国家目前的财政状况，大多数国家难以在短时期内提高卫生投入在政府预算中的优先等级，比较可行的办法是建立多元、可持续的筹资机制，丰富国内融资渠道，中国在筹资渠道、筹资方式、资金的管理与使用等方面可以为非洲国家提供经验，以提高非洲各国财政对公共卫生和初级卫生保健服务融资的自给能力。此外，非洲国家目前依各自国情，以覆盖不同人群的多种医疗保险为主要筹资方式，在如何完善医疗保险制度，特别是在这一过程中如何发挥政府的利贫导向，履行公共责任，以保障弱势群体的利益和基本公共卫生服务等方面，中国也有许多值得非洲国家借鉴的经验。当然，鉴于体系建设的某些措施会触及一国的政治、经济、社会等深层次问题，中国将秉承“非洲提出、非洲同意、非洲主导”的原则，尊重非洲国家的意愿。我们更多的是支持非洲卫生体系的能力建设，卫生发展的模式和道路由非洲国家自主选择。

六　中非医疗卫生合作的建议

为巩固中非医疗卫生合作成果，进一步扩大合作的有效性及影响力，拓展中国在非洲以及全球卫生战略布局中的利益，实现中非双方卫生领域的互利共赢，中国应有针对性地调整工作思路，着眼长远，有所作为。为此，提出如下建议。

（一）加强中非医疗卫生合作的顶层设计

首先，提升对非医疗卫生工作的战略层级，增加卫生援助在对外援助总盘子中的比重。加强顶层设计，确定中非卫生合作在中国全球卫生外交战略中的定位，加强理论、模式和机制创新，创建有中国特色的国际卫生发展援助理论，掌握话语权，推动国际卫生援助议题朝中国的优势方向发展。在这方面，西方传统援助国的做法值得学习，他们不仅高度关注卫生议题，并且具有较强的卫生议题设置能力，例如美国通过"总统防治艾滋病紧急援助计划"和"总统防治疟疾援助计划"引领了非洲防治艾滋病和疟疾的倡议；英国牵头成立了"全球疫苗免疫联盟"（GAVI），为疫苗在全球普及做出了领导性贡献；日本尤其注重社区和农村的卫生援助，抓住草根阶层的民心。其次，整合国内对非卫生工作的渠道和归口，有必要建立一个全面统领对非和对外卫生合作的专门机构，统筹政策并加强部门间协作，优化议程目标与战略布局，使人力、物力、财力得到最有效配置。最后，卫生系统的研究机构与非洲学界的研究机构应加强交流与合作，将专业技术角度的微观研究与中非关系的宏观研究结合起来，为对非卫生工作提供更加行之有效且富有长远意义的战略决策。

（二）提高援非医疗队医务人员的待遇

无论时代如何变迁，援非医疗队服务于国家外交事业，以无私的人道主义精神为非洲人民解除病痛的价值理念不会变。然而，在强调大局、奉献的同时，也要正视医护人员自身的利益诉求，例如，在医疗队待遇方面应随时代变更进行更加务实、人性化的政策调整。医疗队员在非洲要克服诸多国内难以想象的困难，甚至整个家庭都要为此做出一定的牺牲，因此，他们在国外的薪金待遇相对于医护人员在国内的整体收入要有一定比例的超前性，不应因为待遇过低而打击了医护人员参加医疗队的积极性，甚或使五十多年的医疗援非传统难以为继。同时，加大政策保障、落实力度，在职称晋升、岗位聘用等方面的相关政策倾斜，应通过自上而下由各级人事部门下发正式文件的方式得以落实。

（三）提升卫生援助项目的效果和影响力

非洲国家在政治体制、经济发展水平、人口疾病谱、获得国际援助的便利性和方式以及国家卫生发展规划等方面存在差异，援助项目需要结合各国国情，从实际出发。中国与非洲国家政府应加强合作项目的前期调研、过程监督、结果评估和社会影响评价，以确保项目的实用性与可行性、资源利用的最大化与有效性、卫生服务供应的透明性与公平性、项目效果反馈的及时性与准确性。此外，近年来中非文化交流日益密切，但交流内容往往限于艺术和语言方面，很少涉及卫生领域，建议通过孔子学院、援非医疗队、人力资源培训、双方互访等渠道加强中非之间的卫生文化交流，增进相互理解与认知、对彼此医疗技术以及医药文化的了解与认可，从而推动双方卫生合作的顺利进行。另则，对非卫生发展援助领域存在诸多相互关联、互为影响的"利益攸关方"，包括各国政府、国际组织、地区性组织、非政府组织、慈善机构、企业等，除了与受援国政府进行协调之外，还应加强与其他机构的沟通与交流，以承担发展的责任，消除误解，增进共识，营造良好的外部环境。事实上，合作项目本身的质量固然重要，但只有在项目之外的部分也得高分，才能获得更大的影响力与可持续的竞争优势。

（四）增强中国医药企业的国际竞争力

在政府层面，政府应联合行业商会共同为企业搭建平台，建立企业与国际组织、非政府组织、非洲区域性组织、非洲卫生和药监部门的联系，在医药产品

PQ认证、招投标、非洲各国药政动向、市场准入条件、投资政策等方面为企业提供信息和指导，为企业提供必要的金融、语言、文化、法律方面的咨询和培训，同时帮助建立企业之间的联系，使之形成合力，共同拓展产业链的终端市场。此外，从政府层面加强与非洲药监部门的合作，建立针对输入非洲医药产品的监管机制，可以将国内的药品电子监管码系统推广至对非药品出口领域，防止中间商做手脚使非法药品流入供应链。在医药产品投资领域，将医药产业作为中非产能合作的重点领域，让持续升温的中非产能合作成为拉动中国医药产品走进非洲的引擎。

从企业层面，企业应站在更高更广阔的视角定位其发展战略，创造机会让国际组织等机构参与到企业的运营中来，与之建立稳定与信任的关系。尽快熟悉PQ认证的流程与注意事项，确保药品生产过程、临床试验、生物等效性研究等遵循国际规范，以达到世界卫生组织预认证的要求。积极促进卫生科研创新，提升医疗卫生产品的生产能力及流通水平，提高企业产品质控水平，打造“中国制造”的医疗卫生产品品牌形象，努力打击质量伪劣的医疗卫生产品。提高专利保护意识，保障产品在国际药品市场的优势地位，降低仿制药的冲击。

（五）倡导中非卫生合作安全理念

目前中国在与非洲的卫生合作中，以非洲的卫生需求为主，缺少利用热带非洲的医疗卫生资源，开展发源于热带地区尤其是非洲的重大传染病和新发传染病的相关研究，从而为中国的卫生安全战略服务的意识。事实上，中国目前相关疾病的研究处于空白状态，对于输入性重大传染病的防治处于守势，存在巨大的卫生安全隐患。因此，在非洲一线建立医疗卫生研究基地，特别是源于非洲的重大传染病和新发传染病研究基地，不仅必要而且迫切。

在这方面，西方国家起步较早。他们倚靠在海外的传染病临床研究基地，掌握了研究的前沿和制高点，不仅影响了当地重大传染病的政策，也引领了全球重大传染病的政策制定，推动了西方药品及防治技术在全球的推广。以法国巴斯德研究所为例，该研究所人员遍布世界各地，特别是非洲和亚洲，集医、学、研为一体，他们除了致力于传染病的监测和防控以外，还将基础研究与应用研究相结合，开发疫苗、新的诊断技术，以及用于发现新生病毒的新技术，同时与世界卫生组织、医院实验室、制药企业保持密切联系，注重研究成果向临床实践的转化，将成果的实际应用价值最大化。

事实上，中国在帮助西非抗击埃博拉疫情期间已经开始了这方面的尝试，在塞拉利昂建立的生物安全三级固定实验室（P3 实验室）就是集医疗与研究为一体，除了进行埃博拉、疟疾等传染病样本的检测以外，还进行埃博拉生存者多种体液的排毒研究，为“后埃博拉时期”消除埃博拉病毒传播隐患，科学管理埃博拉生存者的生活和社会行为提供科学依据。未来，中国应重视在非洲的传染病研究基地建设，进行创新性研究，在重大传染病防治方面力争有所突破，为中国的卫生安全战略服务。

总之，中国和非洲历来是休戚与共的利益共同体和命运共同体，中国与非洲人口占世界人口的三分之一，中非合作不仅有利于各自发展，也有力地促进了发展中国家的团结合作。中非医疗卫生合作是中非友好关系最有力的历史见证，中国和非洲各国能保持长期的友谊，正是因为五十多年来中国的无私援助得到了非洲各国的信任，从而奠定了彼此间牢固的友谊基础。半个多世纪以来，双方本着合作共赢、造福中非人民的宗旨，在卫生领域密切合作，取得了丰硕成果。

作为发展中国家，中国在医疗卫生领域积累了广泛经验，并得益于自身经济社会的发展，对外医疗卫生合作能力得以提升；非洲则由于目前存在医疗卫生事业发展水平低与社会需求庞大之间的落差，有大力发展医疗卫生事业的迫切需求，中非之间构建新型的卫生合作关系，推进健康领域的互利共赢，不仅对中非双方有利，而且对实现联合国2030年可持续发展目标以及人类发展和全球繁荣稳定也都具有重要意义。

中非医疗卫生合作既是国际发展领域合作的重要组成部分，也是中国参与全球卫生外交和治理的重要途径。中国帮助非洲构建有应变能力、有适应能力、可持续发展的卫生系统的过程，也是中国自身不断充实与推进全球卫生战略的过程。在这一过程中，中国设置和引领国际卫生议题的能力将逐步得到提高，同时，通过卫生合作将进一步维护中非传统友好关系，将中非合作引向深入。

第三章　中非新闻媒体交流与合作

从20世纪50年代新华社分社进驻非洲，到2012年1月中央电视台非洲分台开播；从华为公司1998年走进肯尼亚，到四达时代集团2016年在30个非洲国家成立公司，在近20个国家开始运营数字电视，发展数字电视用户近800万，[①]中国媒体以积极姿态走向非洲大陆，从而在一定程度上改变了非洲的传媒格局。而中国媒体走进非洲的背景如何？中国媒体在非洲的整体格局如何？以及中国媒体如何改变非洲传媒格局等问题值得深究。

一　中非新闻媒体交流与合作亟待加强

对大多数中国人来说，非洲是一个非常遥远、陌生和神秘的远方。每一个未去过非洲的中国人，都可以

① 宋心蕊：《第六届非洲数字电视发展论坛在京开幕》，http：//media.people.com.cn/n1/2016/0623/c120837－28473412.html，2016年6月23日。

将对它的想象发挥至极致，一方面媒体报道中的那个有着饥荒、瘟疫、内战、暴力和犯罪的非洲令他们望而生畏；而另一方面，非洲绝美的自然风光、野生动物的天堂、淳朴的民俗民风、丰富的矿产资源等又令他们心向往之。中国媒体走进非洲，对非洲大陆的政治、经济、文化、社会等各方面进行报道，得以让中国人了解真实的非洲大陆。同时，通过中国媒体，非洲民众也得以了解当下的中国，可以说媒体搭建了中非交往的桥梁。具体分析，中国媒体走进非洲有以下多重背景。

（一）中非经贸合作迅速发展的客观需要

当前中非经贸全方位合作的飞跃式发展是促使中国媒体走进非洲的最直接动因，这同样也是中国媒体走进非洲最重要的宏观背景。

中非经贸合作始于20世纪50年代，随着中国改革开放的不断深入，中非经贸合作规模逐步壮大，形式趋于多样，领域不断拓宽。自2000年中非合作论坛成立以来，中非经贸合作进入了一个全面、快速、稳步发展的新阶段。中非贸易快速增长，中国已连续9年作为非洲第一大贸易伙伴，2014年中非贸易额达到2200亿美元，创下历史最高，2017年中非贸易额为1700亿美元，而按照中非领导人达成的共同愿景，到

2020 年中非贸易额将达 4000 亿美元。[①]

中非经济的深入合作现状，对中非媒体交往提出了更高的要求，这就要求中国媒体根据中非经济发展和经贸合作的现状进行调整，使其在内容和形式上更适应中非经济的发展需求。对中非企业和中非民众的经济交往来讲，中国媒体走进非洲更是至关重要，因为媒体不仅第一时间传播经济信息，更为经济交往提供了联通的桥梁，通过媒体的报道能逐步消除中非交往中因信息不通带来的不确定性和多种风险，特别是对投资非洲的大量企业而言，媒体的信息功能尤为重要。截至 2016 年年末，中国共在 52 个非洲国家开展了投资合作，投资覆盖率达 87%；在非洲设立境外企业超过 3200 家，占中国境外企业总数（约 3.72 万家）的 8.8%。[②]

但由于中国与非洲各国在政治、法律、经济、文化、宗教、风俗习惯等方面的差异，导致中国企业对非投资存在诸多风险及不确定因素。再加上非洲受历史遗留问题困扰，政治制度仍不完善，治理能力有待提高，经济自主性较弱，而政治骚乱、武装冲突、恐怖袭击、有组织犯罪等安全问题持续发生。对中国企

① 周素雅：《中非合作论坛 15 年　2020 年中非贸易额将达 4000 亿美元》，http：//finance. people. com. cn/n/2015/1204/c1004 - 27889802. html，2015 年 12 月 4 日。

② 中国商务部：《中国对外投资合作发展报告 2017》，第 100—101 页。

业而言，通过中国媒体的报道能更全方面地了解非洲形势，在客观上能帮助他们更好地投资非洲，从而推动非洲当地经济的发展，实现双赢。

（二）客观真实报道非洲大陆的迫切需求

作为世界上经济不发达的地区，非洲给人们的第一印象总是贫穷。正是由于经济发展的滞后，非洲地区的媒体发展水平也远落后于世界其他地区，但这无疑为众多境外媒体特别是西方媒体提供了巨大的亟待开发的市场。从 20 世纪 80 年代开始，形形色色的国际频道开始进入并逐渐占领非洲电视市场。据统计，1985 年非洲播出的电视节目中约有 55% 是从外国进口的，而到了 1995 年以后这个比例一直保持在 90% 以上。[①] 目前多数非洲国家在节目制作等领域缺乏经验和能力，对节目模式和节目制作存在着很大的需求，其电视频道需要转播其他国家的电视节目才能进行播出。比如一些非洲国家的电视台经常大量转播美国有线新闻网（CNN）、英国广播公司（BBC）等国际媒体的节目，以填补播出空白。

整体而言，掌握着国际信息传播话语权的西方媒体在全球关于非洲的报道中占据着主导地位，从而影

① 卢嘉、戴佳：《国际主流电视媒体在非洲的发展策略探析》，《对外传播》2015 年第 7 期。

响着世界各国公众对非洲的认知，而非洲媒体对西方媒体的依赖也尤为明显。1997 年南非当时的副总统塔博·姆贝基曾说过："很长时间以来，我们都靠别人来讲述我们自己的故事。我们像鹦鹉学舌一样把那些别人口中关于我们的词语和故事如同福音真理一般学来。即使是在非洲记者报道的新闻中，构建其内容的也往往是那些总部设在亚特兰大、纽约或者是伦敦的外国新闻机构。"①

而西方媒体塑造了一个怎样的非洲形象呢？艾肯（Aniekeme Ikon）等多位学者研究发现，西方媒体报道非洲有两大常用主题：一是灾荒，这以 20 世纪 80 年代中期对埃塞俄比亚灾荒的大量报道为代表；二是关注政治、道德和宗教暴力冲突，以卢旺达大屠杀报道为代表。整体来看，非洲被西方媒体刻画成一个悲惨的大陆，长期被环境恶化、部落争斗、政府腐败、官员执法不力等问题困扰，因此无法自救也不能很好地利用外部援助实现发展。② 而 2000 年《经济学人》封面报道对非洲冠以"无望的大陆"称号更是西方媒体

① Thabo Mbeki，"Address at the Launch of SABC News International"，http：//www. anc. org. za /show. php? id = 4295，2007 - 07 - 20.

② Ikon A. O.，UK Newspaper Coverage of Africa：A Content Analysis of the Guardian，and the Daily Mail from the Years 1987 - 1989 and 2007 - 2009，Doctor Dissertation，Department of Media and Communication，University of Leicester，2016.

对非洲刻画的典型代表。穆斯塔法（Mustafa）指出，美国媒体将非洲人塑造成了落后的、未开化的、饥饿的、贫穷的形象。[①] 斯特拉（Stella）分析了1988—2006年《新闻周刊》对非洲报道的内容分析，也指出以暴力和疾病为主的危机主题，以及针对这些危机外国提供的人道主义援助是其报道非洲的主要框架，而对非洲人的自身奋斗没有任何报道，从而给读者塑造了一个无力的、完全依靠西方国家的非洲形象，维持着西方国家持续的优越感。[②] 吉恩·布鲁克斯（Jean Brookes）也指出，长期以来西方媒体对非洲的报道遭受学界批评，因为西方媒体充满刻板成见地描述非洲，而西方国家则是承担起责任拯救非洲于无望之中的高级合作伙伴或者保护者。[③]

可见，在西方媒体的视野中，相对于享有高级文明的“自我”，非洲大陆被刻画成一个永恒的“他者”，是一个野蛮的、未开化的“另外一个世界”，是

① Mustafa H. T., Gratifying the “Self” by Demonizing the “Other”: A Call for Dialogue not Monologues, http://journals.sagepub.com/doi/pdf/10.1177/2158244014533707.

② Stella M. K., Africa in American Media: A Content Analysis of *Newsweek* Magazine's Portrayal of Africa, 1988 - 2006, Undergraduate thesis, Saint Mary's College, Notre Dame.

③ Brookes H. J., “Suit, Tie and a Touch of Juju—The Ideological Construction of Africa: A Critical Discourse Analysis of News on Africa in the British Press”, *Discourse and Society*, 1995 (6): 461 - 494.

西方的陪衬物。“他者”是西方哲学的核心概念之一，在西方的哲学视野里，“他者”一出现，就是为了“自我”而存在的。“他者”与“自我”不但相异，更重要的是它们之间的关系是赤裸裸的不平等。而西方媒体建构的关于非洲“他者形象”，同样是站在“自我”的立场上。正如艾博（Ebo）指出，西方媒体对非洲片面和歪曲的报道体现了西方媒体长期以来报道外国新闻的体系化选择过程，他们专门选择那些反常的新闻而对非洲的发展不感兴趣，因为非洲不被认为是全球政治中的重要角色，苏联解体和冷战结束之后更是如此。①

虽然西方媒体以“他者”视角把非洲描绘成一连串灾难的做法遭到了批评，但西方媒体在新闻报道以及塑造非洲新闻工作者世界观方面仍然占有主导性地位。西方媒体按照自身的标准和价值观对非洲进行解读，这造成了非洲在国际舆论界不能有效传播自己的声音，而只能任由西方媒体对之报道，这不可避免地会引起外界对非洲的误读，不能呈现一个真实的非洲。

但实际上，近年来非洲大陆各方面正在逐渐改观，非洲社会经济、政治文化、安全形势等取得的进步已经成为不可争辩的事实，非洲发展显露出崛起的势头。

---

① Ebo B.，*American Media and African Culture*，Westport：Praeger，1992：15－25.

以经济增长为例，21 世纪的第一个十年里，非洲获得了自 20 世纪 60 年代以来少见的经济相对稳定增长，大部分年份其国内生产总值一直保持了 4%—5% 的稳定增长，总体水平高于全球平均水平。[①] 然而，非洲经济的快速发展并没有为非洲带来与之相符的外部形象，西方媒体的报道中有关非洲政局动荡、民族冲突、战乱频仍等方面的负面新闻仍经常见诸报端，而公众将非洲与贫困、战乱、疾病联系在一起也已司空见惯。

因此，超越西方媒体的“他者”视角，为各国公众提供认识、理解和评价非洲的另外一种视角，呈现一个真实的、正在发展中的非洲也就成为中国媒体走进非洲的动因之一。

（三）打破西方关于中非关系的不实指责

中国媒体走进非洲，一方面是为了呈现真实的非洲大陆，另一方面也是客观陈述中国走进非洲的需要，以打破西方媒体对中国在非洲的错误定性和不实指责。

东方世界，特别是中国作为西方文化的竞争者，也是最常出现的“他者”形象之一。萨义德在《东方学》中指出，作为“他者”的东方，并非是一种自然的存在，而是西方知识和权力的辉煌的战利品，而西

① 刘鸿武：《非洲发展大势与中国的战略选择》，《国际问题研究》2013 年第 2 期。

方中心论框架下的“他者”与“自我”的关系是一种赤裸裸的权力关系。从 19 世纪的“中国威胁论”到现在的“新殖民主义论”，可以看出西方主流媒体和精英在解释中国时依靠的是西方关于中国的想象，而非一个真实的中国。

在西方媒体建构的中非关系中，中国是一个“异类”。碰到这个犹如黑洞般的“异类”，社会学和经济学等的一般概念和逻辑仿佛都不能正常发挥作用，都失去了解释的功能。因此，从“他者”视角出发，就不难理解西方媒体对中非报道的态势，从所谓的“中国威胁论”到“新殖民主义论”，从中资企业不履行社会责任到污染非洲环境，再到近几年批评中国大量进口象牙、驴皮等导致非洲野生动物濒临灭绝，这些西方媒体设置的负面议题占据了对非洲传播的主导地位，它们从自身利益出发，随意构建了一个中国在非洲的“他者”形象来满足特定受众的欲望和自己立论的需要。

更为严重的是，西方主流媒体或明或暗地将中国定性为“非洲的新殖民者”，它们将“中国在非洲”排除在全球化之外，打入另册，贴上了“新殖民主义”的标签，从而将正常的中非交往问题化，这一错误定性对中非的现实交往产生了影响，阻碍了中非关系的健康顺利发展。正如埃塞俄比亚的斯亚贝巴大学和平安全研究所博士所罗门·特格涅表示，由于语言限制和信息的不通畅，很多非洲媒体对中国有偏见，因为很多信息只能从西方媒体那里获得，但是那些信息是扭曲的，因此中国媒体要对全世界发出自己的声音，让更多非洲人民对中国有更全面的了解。[①]因此，中国媒体走进非洲、搭建起非洲民众了解中国社会的新窗口、进而有力批驳西方媒体对中国在非洲的错误定性都有着重要的现实意义。

二　中非新闻媒体交流与合作快速发展

近年来，随着中非关系全面发展，中国媒体越来越多地进入非洲，以不同于西方的中国媒体的视角，来客观公正地报道非洲和中非关系，同时有力地推动了当地广播电视、传媒业的发展。

（一）中国官方媒体在非洲发展情况

中非新闻媒体合作已有几十年的历史。2000 年中非合作论坛成立后，中非新闻媒体界顺应时代潮流，在互设新闻机构、互派媒体记者、信息互换、联合采

① 袁舒婕：《非洲媒体人谈中非媒体合作，国际交流少不了“媒体桥”》，http：//media. people. com. cn/n1/2017/0314/c40606 - 29144362. html，2017 年 3 月 14 日。

制、人员培训、行业研讨、新媒体领域以及合作机制建设等方面的交流与合作不断扩大，取得了前所未有的历史成就，对于增进中非人民相互了解、营造中非合作良好的舆论氛围发挥了重要作用。

1. **新华通讯社**

成立于1986年的新华社非洲总分社，目前已发展到下辖28个分社，负责撒哈拉以南非洲国家的新闻报道和营销工作。通过及时准确、客观公正，中、英、法等多语种，文字、图片、视频等全媒体报道，新华社在非洲的用户数量逐年增加，影响力不断上升。

非洲一直是新华社建立驻外分社的重点地区之一。20世纪50年代后期，周恩来总理曾就撒哈拉以南非洲民族解放运动高涨的情况对新华社社长吴冷西说，我们同这个地区的国家建交可能还早，派记者估计容易一些，新华社可以派一些记者到那里任何一个愿意接受的国家去，主要是结交朋友，了解情况。[①] 1956年新华社在开罗设立办事处，这是中国媒体首次进入非洲。1959年2月新华社派记者王殊去撒哈拉以南非洲工作，不久建立了在撒哈拉以南非洲地区的第一个新华社分社——阿克拉分社。王殊还以加纳为基地，先后访问多个非洲国家，并在几内亚首都科纳克里、

① 万京华：《新华社驻外机构的历史变迁研究》，《现代传播》2014年第10期。

马里首都巴马科等地建立了新华社分社。

此后，新华社逐步在非洲多个国家建立了分社。1986年新华社在内罗毕设立非洲总分社，负责非洲地区的英文报道，使新华社对非洲地区的新闻服务有了较大发展。当前，新华社在非洲已建立28个分社，非洲成为新华社设立驻外分社最多的一个大陆。新华社在非洲地区已建立起可传输数据、语音、文稿和图像的高速专线网，向非洲地区上千家媒体提供新闻。每天新华社向非洲地区用户提供的英文稿件达300条，法文稿件日均100多条。[①]

新华社在非洲的业务还扩展到电视媒体和新媒体领域。从2011年起，新华社主办的中国新华新闻电视网英语电视台开始通过南非米瑞德公司的电视播出网络，实现了对整个非洲大陆的覆盖，通过家用电视机顶盒进入400万个非洲家庭。同时，新华社非洲总分社编制的“新华手机报”“新华短信”也陆续在多个非洲国家开始运转。在津巴布韦、南非等国家的主要城市，还设立了滚动播出新华社新闻的户外大屏幕。

新华社记者采写的稿件真实地记录和反映了非洲大陆前进的步伐和非洲人民生活的变化，为非洲广大地区的媒体和读者所欢迎。而新华社的多任领导都高

① 《新华社在五大洲》，http：//www. hq. xinhuanet. com/hnfs/70year/files/news02. htm，2017年11月6日。

度重视新华社在非洲开展新闻报道，并指明了编辑报道的方针。如穆青在担任新华社社长期间，十分重视对非洲的新闻报道工作，一再要求非洲报道“要显出第三世界特色”。郭超人担任新华社社长后，更是成为非洲报道事业加速发展的倡导者。他曾多次踏上非洲大地，先后考察了多个驻非洲的新华社分社。他对各分社的记者反复说，非洲既是多灾多难的，又是多彩多姿的，要对非洲进行再认识，全面提升我们对非洲的报道水平，从各驻在国的实际出发，采取多种形式实现新闻的落地。[①] 此外，南振中担任新华社总编辑期间，曾批评一些媒体过分渲染非洲的疫病流行、冲突频发、灾害不断，损害了非洲形象，不利于非洲进一步发展。因此，他呼吁媒体不要损害非洲形象，要更多地关注非洲的和平与发展，要客观、全面、公正报道非洲，使世界人民充分了解非洲、关注非洲。[②]

2. 中国国际广播电台

中国国际广播电台（以下简称国际台）是新中国最早开展国际广播业务的机构，也是中国目前唯一通过广播形式开展对非传播的媒体。该台坚持走国际化道路，同时加快节目本土化步伐，通过与非洲国家传

---

① 吴锡俊：《新华通讯社 70 周年，非洲总分社 15 春秋》，http：//blog. sina. com. cn/s/blog_ 591a7a5101017nyz. html，2012 年 9 月 10 日。

② 李忠发：《新华社总编辑呼吁媒体不要损害非洲形象》，http：//news. sina. com. cn/c/2005 -08 -15/23446697801s. shtml，2005 年 8 月 15 日。

媒机构合作，积极推进海外整频率落地分台、地区总站、节目制作室等方面的建设与发展。

国际台从1980年开始设立驻外记者站。目前在非洲共设有4个记者站，分别在埃及、肯尼亚、尼日利亚和津巴布韦，其中开罗站为中东地区总站，内罗毕站为非洲地区总站。2006年2月国际台肯尼亚内罗毕调频台正式开播，这是中国在海外建立的第一座调频广播电台。为提高新闻采集能力和节目本土化水平，近年来国际台又在肯尼亚内罗毕、埃及开罗、塞内加尔达喀尔、南非约翰内斯堡设立了4个节目制作室，驻外人员数量大幅增加，此外还雇用了大量外籍专业人士参与节目制作。国际台使用斯瓦希里语、豪萨语、英语、法语、阿拉伯语、葡萄牙语等多种语言为非洲观众提供广播服务，目前已在非洲12个国家建成了23家海外整频率落地分台。此外，该台还利用自身优势，在国家汉办的支持下，与非洲国家合作，在内罗毕、桑给巴尔、突尼斯斯法克斯等地设立了广播孔子课堂，帮助非洲朋友通过广播学习汉语、了解中国文化。

依托在非洲建立的记者站、节目制作室、听众俱乐部等传播力量和受众资源，近年来国际台积极发展影视节目译制播出、报刊出版发行、网站等新业务。如立足于自身的语言优势，国际台在2011年用斯瓦希里语译制的国产电视剧《媳妇的美好时代》在坦桑尼亚国家电视台播出后备受好评，之后又用豪萨语、阿拉伯语、英语、法语、葡萄牙语等语言在埃及、尼日利亚、塞内加尔等国播出了《北京爱情故事》《金太狼的幸福生活》等多部国产影视剧，从而开拓出一项在非洲传播中国文化的新业务。通过播出这些反映中国社会生活的电视剧，非洲民众得以更加深入地了解中国普通民众的生活。

2014 年 7 月，国际台在南非约翰内斯堡出版了双月刊英文杂志《中国商旅》，并在赞比亚首都卢萨卡发行中文杂志《非洲侨讯》和英文报纸《新时代》。此外，国际台还于 2012 年收购了“中华网”，并对其进行升级改成国际台英文中华网，成为另外一个多语种网络传播平台。2014 年 7 月 1 日“中华网”在南非约翰内斯堡的本土化网站正式开通，为当地民众提供通过网络和移动终端获得中国信息的便利途径。可见，国际台对非传播采取了“本土化传播、全媒体发展”的理念，这一理念不仅使得其拥有的传媒资源得到有效利用，也扩大了国际台在非洲地区的影响。

2012 年在肯尼亚内罗毕大学进行的一项调查显示，在国外电台中 BBC 收听人数最多，达到 67.21%；而国际台排名第二，24.59% 的被调查者表示收听该台节目。[①] 由此可见，尽管与老牌的 BBC 相比仍有差距，但国际台已经在非洲的广播市场占有一席之地，其广播业务与当地民众接收信息情况是相适应的，并且在向非洲地区传播中国声音、推广中国文化方面发挥着不可替代的作用。国际台分布在非洲各地的听众俱乐部成为增进中非人民相互了解和友谊的重要依托，其对非洲社会的广泛覆盖以及纽带作用是电视、报刊、网络等其他媒体无法比拟的。

3. **中央电视台**

与新华社相比，中央电视台（以下简称“央视”）的非洲中心站建立较晚，2010 年年底才正式开始运转。央视非洲中心站设在内罗毕，当时只有埃及、尼日利亚和南非约翰内斯堡 3 个常设站点。在中国媒体“走出去”战略的推动下，2011 年央视在埃塞俄比亚、阿尔及利亚、苏丹、塞内加尔、坦桑尼亚、津巴布韦、刚果（金）、安哥拉、赞比亚和南非开普敦新设立了 10 个记者站。至此，中央电视台在非洲共建立 13 个记者站。[②]

2012 年 1 月，央视非洲分台在肯尼亚正式开播，这是央视的第一个海外分台。它拥有配置一流的高清

① 闫成胜：《中国广播媒体对非洲传播能力现状分析》，《中国广播电视学刊》2015 年第 7 期。

② 康秋洁、刘笑盈：《中国媒体在非洲》，《世界知识》2012 年第 21 期。

演播室，能够实现播报、访谈及多边连线等各种节目形态，同时也能够通过全套的数字化新闻制作和包装系统，分享央视总部的全部新闻资源。此外，央视非洲分台大量雇用非洲当地记者、编辑和节目主持人，这些本地节目主持人的出现让非洲观众感到亲切。《直播非洲》《对话非洲》《非洲人物》等专题节目反映了央视独特的新闻视角和价值取向，在开播后半年时间里便对非洲20多位政要进行了专访。非洲分台坚持探索本土化发展道路，通过其制作的系列节目，既可以让非洲观众看到最新的中国国内重要新闻，也可以随时与央视遍布世界各地的记者连线报道重大国际新闻。目前央视非洲分台下设14个非洲记者站，聘用非洲当地记者、编辑、主持人等新闻从业人员130人，每天制作本土化节目2.5小时，每年播发关于非洲的英语新闻2.4万条，实现非洲本土新闻事件的全覆盖。该台逐步建成了辐射并覆盖非洲大陆的电视报道网络，真正做到“把真实的中国介绍给非洲，将真实的非洲呈现给世界”。

2012年8月，央视旗下的网络广播电视播出机构中国网络电视台，面向非洲用户研发的“我爱非洲”手机电视移动多媒体频道在内罗毕正式开通，该频道通过移动多媒体平台播出，非洲地区的移动用户可以通过手机、车载电视、笔记本电脑等移动多媒体终端实时收看来自中国的精彩电视节目。频道节目用英语播出，以“中国精选”为主题，面向非洲移动用户提供实时专业的新闻报道、原汁原味的中国影视剧和纪录片，以及非洲民众喜爱的体育赛事等精品节目。

4．其他官方媒体

2012 年 12 月 14 日在肯尼亚创刊发行的《中国日报》（非洲版）是在非洲发行的首份中国英文报纸。《中国日报》（非洲版）发行范围全面覆盖肯尼亚、南非、尼日利亚、埃塞俄比亚、坦桑尼亚、加纳等非洲国家，目标读者包括各国的政府机构、工商界、主要智库、重点大学、在非洲的国际组织和跨国公司的人员。中国日报社社长兼总编辑朱灵表示：“创办《中国日报》（非洲版），旨在向非洲发出中国声音，全面、真实、生动地讲述中国故事，全面介绍中非各方面交流情况，突出展现中非经贸合作进展，积极、有效地服务国家对非工作大局。”在《中国日报》（非洲版）创刊的同时，中国日报网非洲子网也于 12 月 14 日推出，便于非洲公众第一时间通过网络获取新闻。[①]

作为中国第一大报和世界十大报纸之一，人民日报社十分注重非洲报道，在南非设立了非洲中心分社，在埃及设立了中东中心分社，并在尼日利亚、阿尔及利亚、苏丹等国派驻记者，采写了大量关于非洲的精

① 苗晓雨：《〈中国日报〉（非洲版）创刊》，http：//zqb. cyol. com/html/2012 - 12/15/nw. D110000zgqnb_ 20121215_ 2 - 02. htm。

彩报道。由人民日报海外网和非洲华文传媒集团合作创办的非洲新闻网于2016年8月在坦桑尼亚首都达累斯萨拉姆正式上线。在上线仪式上，《人民日报》（海外版）副总编辑王咏赋提出，非洲新闻网上线是《人民日报》（海外版）和海外网为非洲华人华侨服务的一个新起点，希望非洲新闻网成为非洲最权威的本土化中文网站，并成为中非之间的团结之桥、合作之桥。①

中国新闻社（以下简称中新社）是以对外报道为主要新闻业务的国家级通讯社。长期以来，中新社十分重视对非洲大陆的新闻报道。2013年10月，中新社南非分社正式成立。中新社与南非、尼日利亚、肯尼亚、毛里求斯等多个非洲国家的媒体保持合作关系。中新社社长章新新提出，中新社要向世界报道一个充满生机和希望的非洲，报道非洲国家和人民注重发展、期待繁荣、追求和平幸福的美好愿望和孜孜奋斗的故事。他还呼吁要进一步深化中非务实合作与交流，科学规划中非媒体交流互访、项目合作、稿件互换、共同选题策划、联合采访、学术研讨、媒体技术和人员培训等，并建立长远交流合作机制。②

① 刘姝麟：《人民日报海外网非洲新闻网上线》，《人民日报》（海外版）2016年8月10日。

② 宋方灿、章新新：《向世界报道真实而充满生机和希望的非洲》，http：//www. chinanews. com/gn/2015/12 -02/7651019. shtml，2015年12月2日。

《中国日报》是中国唯一的全国性英文日报，是外国全方位认识了解中国的重要信息来源，也是被国外媒体转引率最高的中国报纸。该报坚持“让世界了解中国，让中国走向世界”的办报宗旨，于2012年12月在肯尼亚创办了《中国日报》（非洲版），这是中国在非洲发行的首份中国英文报纸，覆盖肯尼亚、南非、尼日利亚、埃塞俄比亚、坦桑尼亚、加纳等非洲重要国家，读者群包括非洲国家政府官员、工商界人士、知识分子，以及在非洲的外交机构、国际组织、跨国公司人员等。至今已有五年多历史，发展势头良好。

中国外文局所属的北京周报社创办了《中国与非洲》（英、法文）月刊，该刊是中国唯一专门面向非洲读者的以深度分析报道为主的评论性月刊。此刊致力于加强中非沟通，就有关中国、非洲和中非关系的热点问题提供有针对性的深度报道、分析和评论，从而向非洲读者及时、客观地介绍中国情况，报道中国与非洲之间的双边关系、经贸合作、文化交流和民间往来的发展，为相关机构和人士提供实用服务信息。

此外，《经济日报》在约翰内斯堡、比勒陀利亚、达喀尔都有派驻记者。该报是由国务院主办的中央直属党报，是全国经济类报刊中权威性、公信力较强的报纸。

（二）中国民营媒体在非洲发展情况

除了上述中国官方媒体走进非洲外，中国民营媒体也走向非洲，开拓非洲传媒业务，其中最具代表性的是四达时代集团公司，凭借自身技术、产品和运营模式优势，通过多年不懈努力，成功进入非洲市场，为非洲广播电视数字化建设做出了重要贡献。

20 世纪 90 年代末以后，随着中国国内广播电视升级换代逐渐完成，系统集成市场逐渐饱和，四达时代集团敏锐感知非洲数字化的历史机遇，开始承接非洲各国数字化整转项目，开展地面付费数字电视业务，并于 2007 年成立了第一个海外公司——四达时代传媒（卢旺达）有限公司。2008 年 8 月该公司正式开业，这是四达时代集团在非洲投资建设的第一个项目，也是其在非洲开展数字电视运营业务的开始。之后，随着中非友好互利合作实现跨越式发展，四达时代集团利用中非友好传统基础，制定了以成为全球有影响力的传媒集团为目标的国际化战略，积极争取国家产业和金融政策支持，同时利用中非媒体合作论坛等平台，在非洲实现了加速发展。

至今四达时代集团已在卢旺达、几内亚、尼日利亚、肯尼亚、坦桑尼亚、塞内加尔、莫桑比克、南非等三十多个非洲国家注册成立了公司，开展数字电视运营，用户逐步增至1000万，成为非洲大陆发展最快、影响力越来越大的数字电视运营商。包括国际转传频道、非洲本地频道、公司自办频道在内，四达时代集团共运营440个频道，其中自办频道38个，用英语、法语、葡萄牙语、斯瓦希里语、豪萨语等8种语言，每天24小时不间断播出，初步建成了内容丰富、特色突出的电视节目平台。

四达时代集团在非洲的商业模式是以数字电视产业链经营为基础，将数字电视技术与本土化内容生产相结合，以挖掘非洲普通民众在付费数字电视领域的商业价值为核心，通过提供付费数字电视专业服务实现盈利。四达时代集团的核心竞争力在于低价优势和本土化策略，而其盈利模式是通过收取收视费、机顶盒销售、终端销售、广告销售、传输收入、节目译制、制作与发行等方式获取收入，其中主营业务收入来自数字电视收视费。

四达时代集团进入非洲数字电视传媒领域，打破了该领域原来由西方垄断的地位，大大降低了数字电视的门槛，让更多非洲普通百姓看得上、看得起数字电视节目。四达时代集团的产品和服务为非洲观众带来了内容丰富、种类繁多、信号稳定、音画清晰、价格优惠的电视节目，极大地丰富了非洲人民的精神文化生活，助力当地广播电视数字化建设实现快速发展。

四达时代集团大力实施本土化战略，雇用了四千多名非洲当地员工，其中有些员工进入了公司管理层，每年都有许多员工到中国接受培训，提升专业技术水平，从而为非洲国家创造了大量就业岗位，培养了大批广播电视领域的人才，为促进当地经济社会发展做出了积极贡献。

与此同时，四达时代集团为广大非洲观众提供各类中国电视节目以及中国影视频道服务，使他们通过现代传媒全方位了解中国，感知历史悠久、博大精深的中华文化，从而搭建起中非文化交流的桥梁。

总体而言，四达时代集团抓住非洲数字化的历史机遇，把握非洲经济社会发展和数字电视产业特点，利用自身技术背景和管理优势，探索出适应非洲实际情况的商业模式，提供了以商业手段开展国际传播能力建设的成功范例。

除了四达时代集团以外，非洲还存在一些规模较小的中文媒体，它们大多是由当地华人华侨创办的私营媒体。以南非为例，中文媒体的历史较悠久，创建于 1931 年的《侨声日报》至今已有八十多年的历史，是非洲创办最早的一份华文报纸。该报因故于 2004 年 3 月底宣告“暂时停刊”，现尚未复刊。1994 年冯荣生独资创办了《华侨新闻报》，1999 年由多家侨团组织创办了《南非华人报》。除报纸以外，1996 年侨声广播电台成立，为在南非生活的中国人及时了解中国、世界及南非当地发生的重要新闻提供了一扇窗户。1997 年侨声传播公司将《侨声日报》和侨声广播电台合二为一，开始走向民营化的经营之路。此外，尼日利亚、加纳、津巴布韦、毛里求斯等国也都有华人媒体。

《非洲华侨周报》创办于 2009 年，总部设在博茨瓦纳，是一份综合性的华文报纸，致力于关注非洲华人华侨生活动态，记录海外华人历史，反映当地社会热点时事和社会动态，及时为华人读者提供信息资讯，已成为非洲华人华侨进行交流的一个资讯平台。非洲华文传媒集团以博茨瓦纳为起点，逐步将媒体业务拓展至赞比亚、坦桑尼亚、南非等非洲多国，传播语种也不仅限于汉语，还包括英语以及茨瓦纳语、斯瓦希里语等非洲本土语言；在坦桑尼亚建立新闻学院，培养当地新闻人才；利用网络信息技术，成立了“非洲广播网”和“非洲侨网”，发展新媒体业务。

（三）新时代中非新闻媒体交流合作

当前，信息技术革命迅猛发展，新媒体和社交媒体方兴未艾，西方掌控世界话语权的局面短期内难以改变，进一步加强中非媒体交流与合作的必要性、重要性和紧迫性尤为凸显。

1. 中非媒体合作论坛

中非媒体合作论坛是2012年7月中非合作论坛第五届部长级会议达成的重要成果之一，是全面加强中非媒体交流与合作的一项重要举措。同年8月，首届中非媒体合作论坛在北京召开。第二届和第三届论坛又分别于2014年6月和2016年6月召开，初步形成了两年一届的机制化安排。

中非媒体合作论坛规模大、代表性广泛。首届和第二届论坛皆有42个非洲国家参与，第三届论坛参与的非洲国家增至44个。非盟委员会和非洲广播联盟也是重要的参与方，后者还是第三届论坛的联合主办方之一。来自中非各国主管媒体的政府官员、媒体机构负责人、媒体企业高管、有关专家学者以及非盟、非洲广播联盟等组织的代表与会，成为名副其实的中非媒体界最大盛会。

中非媒体合作论坛讨论议题多、成果丰富。论坛期间，中非双方围绕加强政府间对话与协商、媒体间交流与合作、媒体技术与产业合作、媒体人力资源开发、媒体能力建设、广播影视政策、广播电视数字化、新媒体发展、国际话语权等一系列议题，进行深入探讨，达成广泛共识和许多合作成果。首届论坛共签署9项中非合作协议，并发表《中非媒体合作北京宣言》，标志着中非媒体交流与合作取得重要进展。第二届论坛成果更加丰富，中非双方共达成 19 项合作协议，并就打破西方媒体世界话语霸权、增强中非媒体国际话语权达成重要共识，表明中非媒体交流与合作在向纵深发展。第三届论坛共签署 15 项中非合作成果文件，并发表了共同声明，高度评价中非合作论坛约翰内斯堡峰会，强调中非媒体将坚持平等协商、携手共进的优良传统，面向新时代进一步加强交流与合作，更好地服务于中非全面战略合作伙伴关系。

2. **中非新闻交流中心**

由于受经费限制等原因，非洲国家媒体很少往海外派常驻记者，在中国也是如此，非洲的常驻记者很少。这就造成了非洲当地媒体上许多关于中国和中非关系的报道都是转引自第三方的西方媒体，其中不乏消极负面甚至恶意歪曲抨击的报道。为了尽快改变这种状况，2012 年中非合作论坛第五届部长级会议达成一项重要举措，即设立“中非新闻交流中心”项目，旨在帮助非洲媒体和记者全面深入了解中国国情和中非关系现状，推动中非媒体的交流与合作，增进中非人民之间的相互了解和友谊。中非新闻交流中心首期项目于 2014 年成功实施，此后每年一期，至 2017 年共举办了 4 期，取得超乎预期的良好效果。

与一般的新闻媒体交流互访不同，中非新闻交流中心项目具有以下特点：一是持续时间长。每期 10 个月，相当于“半常驻”。二是受益的非洲媒体多。2014 年首期项目共有来自埃及、苏丹、塞内加尔等 9 国的记者参加；2016 年三期项目共有来自肯尼亚、中非共和国、南苏丹等 22 国的记者参加，是首期的两倍多；2017 年四期项目进一步扩大，共有来自坦桑尼亚、马拉维、塞拉利昂等 27 国的记者参加，正好是首期的 3 倍。如此一来，非洲所有的主流媒体都有机会从中受益，派记者来华。三是对中国和中非关系进行全方位、立体式采访。非洲记者前往中国各地，走访政府部门、媒体机构、企业公司、高等院校、研究机构等不同的部门行业，参与采访中国“两会”“一带一路”国际合作高峰论坛等重大会议活动，全面了解中国政治、经济、文化、外交、民族宗教、改革开放等方方面面，甚至包括汶川震后重建、沙漠治理、中医药发展等内容，深入考察中非政治互信、经贸合作、人文交流等方面的情况，实地了解在华尤其是广州的非洲人士工作生活情况。

中非新闻交流中心项目成效非常显著。通过参加该项目，非洲记者亲眼观察、亲身了解中国社会，与中国人民面对面接触，与在华非洲人直接对话，通过自己的独立思考，撰写并发回了大量关于中国和中非关系的报道，对正确引导舆论发挥了重要作用。此外，参加过 2015 年二期项目的尼日利亚国家通讯社记者朱利叶斯将自己在中国的所见所闻、所感所想写成了一本书——《一位非洲记者眼中的中国》，以非洲人的独特视角，以非洲记者的职业敏感性，图文并茂地展示了中国经济社会发展取得的“奇迹”，深入探讨了中国和平与发展理念对尼日利亚和非洲的启迪，中国改革开放和发展经验对尼日利亚和非洲的借鉴意义。非洲人民通过非洲记者和媒体来了解中国和中非关系，而不是通过第三方的西方记者和媒体，这才是正确的方式和路径。

（四）中非媒体合作影响非洲传媒格局

中国媒体在非洲发展迅速，初步建立起官方媒体与民营媒体、政府主导与社会力量相配合的、多元化、立体化的传播格局，这将对非洲传媒格局产生多方面的影响。

1. 新增量和新空间：中国传媒扩大非洲传媒格局

中国媒体（包括通讯社、报纸、广播、电视和网络新媒体等不同媒介形态）走进非洲，对非洲传媒格局最直接的影响就是扩大了非洲的媒体增量供给，扩展了非洲民众阅读和收视的空间，为他们接近媒介提供了更多便利，也为他们的媒介使用提供了更多选择。长期以来，西方国家凭借经济优势、语言优势以及对非的传统历史、文化优势，在非洲传媒格局中一直占据主导地位。相对于西方媒体，中国媒体走进非洲是具有崭新形象的新面孔，不同于与西方国家的前殖民关系，中国与非洲是朋友和合作者的关系。

由于殖民统治，非洲一直是受西方文化影响较多的地区。非洲最早的报纸、广播、电视台等大众媒体多由西方殖民者创办，以西方国家的语言文字为载体，以殖民当局及上层社会的活动为主要报道内容，以服务其殖民统治。进入 20 世纪以后，随着广播媒体的诞生，欧洲殖民者又在非洲各地陆续开办了广播电台和电视台。1928 年英国殖民者在埃及建立了第一家广播电台，1929 年法国殖民者在阿尔及利亚建立了第一家电台。1962 年，刚果（布）国家电视台在法国的协助下建立，这是撒哈拉以南非洲地区第一家电视台。①

非洲国家独立后大多对国外媒体进入本国采取比较开放的政策，因此英国、法国、美国等媒体发展水平较高的西方国家捷足先登。以阿尔及利亚为例，由于它曾是法国殖民地，法国电视频道和法国卫星电视运营商“凯勒普拉斯公司”（Canal +）在当地影响很大，几乎所有卫星电视用户都收看法国的卫星电视节目。位于阿联酋迪拜的卫星电视运营商轨道佳映网络公司（Orbit Showtime Network）在北非地区拥有大量观众。法国国

① 国家新闻出版广电总局研修学院：《发展中国家广播电视概况暨管理体制研究》，中国广播电视出版社 2014 年版，第 145 页。

际广播电台（FRI）在塞内加尔、刚果（布）等多个非洲法语国家开办了调频广播电台。英国著名财经报纸《金融时报》进入肯尼亚等多个非洲英语国家。凭借多年积累的品牌优势，美国有线新闻网环球新闻（CNN International）和英国广播公司世界频道（BBC World）等欧美电视频道在非洲长期占据主流媒体地位。

由上可见，西方媒体在非洲传媒格局中占据着主导地位，而目前多数非洲国家在新闻采集和电视节目制作领域还缺乏经验，但对新闻和电视节目存在很大的需求，因此对西方国家的媒体十分依赖。如厄立特里亚电视台共有两个频道，主要转播北美和澳大利亚等地区的节目；突尼斯国家电视台主要转播意大利国家电视台和法国商业电视台节目；吉布提电视台主要转播法国和邻国电视节目。[①]

在这种情况下，中国媒体走进非洲，不仅大大增加了非洲传媒市场的媒体供给，扩大了非洲传媒格局，而且将改变非洲媒体对西方国家媒体过度依赖的现状，为非洲与世界其他地区的传媒沟通交流打开了另一扇窗口，使当地民众有更多渠道及时了解最新的世界，特别是来自中国的信息。

---

① 李宇：《国际传播视角下的非洲电视业传媒》，《传媒》2013 年第 6 期。

2. 新技术和新媒体：中国传媒升级非洲传媒格局

中国媒体走进非洲，带来的不仅仅是媒体数量的增加，更为重要的是带来新技术和新媒体，助力升级非洲传媒格局。从前面的分析可以看出，不管是新华社在非洲建立的可传输数据、语音、文稿和图像的高速专线网，中央电视台非洲分台配置的一流高清演播室，抑或是国际台创建的英文中华网、《中国日报》创办的非洲子网、《人民日报》参与创办的非洲新闻网以及中央电视台的“我爱非洲”手机电视移动多媒体频道，还是民营媒体创办的“非洲广播网”和“非洲侨网”，都显示出中国媒体布局非洲的“全媒体”战略。这表明，中国媒体充分认识到在网络时代仅仅以广播、电视、报纸等传统媒体为战略支点，以空间上的覆盖为目标已经不适合新技术发展的现实和非洲受众的信息接收习惯，因此只有通过新技术、新平台、新终端为当地民众提供获取中国信息的便利途径才能制胜。

而从非洲国家来看，中国传媒带着传媒新技术走进非洲，必将升级非洲传媒，因为当前非洲传媒面临着技术化和电子化落后带来的多重挑战。在技术方面，非洲国家的通信设备制造能力、通信业基础设施情况和媒体技术情况都相对较弱。如广播电视业务使用的摄像机、编辑机、发射机，以及印刷使用的轮转机、复印机等专业设备全部依赖进口；在传送电视节目时，断网断电的情况时有发生，国家通信网络及居民接受信息的设备都有待提高；等等。

在电子化方面，非洲国家的主要媒体已实现电子化，但整体而言电子化程度依然处于欠发达阶段，网络媒体尚未对传媒格局构成颠覆性挑战。在有些非洲国家，广播和电视模拟频道依然是民众获取新闻信息的主要渠道。根据互联网世界统计调查显示，非洲互联网用户数量为4.5亿人，占非洲总人口的35.2%，但是仅占世界互联网用户人数总数的10.9%。[①] 尽管如此，非洲已成为全球手机用户增长最为迅猛的地区之一。整体来看，虽然非洲与世界其他地区，尤其是发达地区的数字鸿沟是不可忽视的，但它又是全世界宽带互联网、蜂窝移动网络、社交媒体使用、智能手机等领域发展最快的地区，新兴媒体在非洲的发展空间仍然巨大。

中国媒体在布局非洲的进程中，大力实施"全媒体"战略，对非洲引进传媒发展所需的新技术，发展新媒体业务，推广各类移动终端提供支持，必将助力非洲媒体的数字化进程。如传音控股、华为等公司根据非洲用户的需求设计生产手机，物美价廉，为用户

① Internet World Stats, Internet Users in the World by Regions, December 31, 2017, http://www.internetworldstats.com/stats.htm, 2008-07-05.

上网提供了便利，而四达时代集团低价推出数字电视，正在帮助非洲国家实现从模拟电视到数字电视的过渡，志在使每一个非洲家庭都能负担得起数字电视，观看到优秀的数字电视节目并享受数字生活。[①]

3．**新内容和新视角：中国传媒建构非洲传媒格局**

除了扩大非洲媒体增量和升级非洲媒体技术以外，中国媒体走进非洲对非洲传媒最重要的意义是带来了报道非洲的一种新视角，这一视角超越西方媒体的“他者”范式，真正建构起报道非洲的新内容和新范式。

西方媒体在报道方式中始终存在一种“你们”与“我们”、“西方”与“非西方”的惯性区隔思维，这不仅体现在对非洲的报道中，对中非关系的报道同样如此。西方媒体多从负面、片面观察报道，且存在扩大事实之嫌，比如大肆报道非洲的犯罪问题，指责中国在非洲不顾人权，夸大报道中国企业在非的劳资矛盾，等等。被建构成如此负面的中非关系透露出面对中国在非洲影响力的扩大，西方对于自我中心的不自觉的焦虑、对于自我的不自信，需要通过批判中国走进非洲来确保其对非洲的影响力。因此，构建中非关系的典型“他者”就成了西方“自我”身份确证和巩

① 王笛青：《美媒称中国电视节目横扫非洲征服民心》，http：//www. cankaoxiaoxi. com/world/20170809/2218471_ 3. shtml，2017 年 8 月 9 日。

固的必然存在。

区别于西方记者报道非洲的视角，中国媒体和中国记者在报道非洲时，多采取建设性的正面态度来报道非洲所取得的进步，向世界报道一个充满生机和希望的非洲，报道非洲国家和人民注重发展、期待繁荣、追求和平幸福的美好愿望和努力奋斗的故事。可见，通过中国媒体实现对非洲的再认识，客观、全面、公正地报道非洲是中国媒体一直坚持的方针。

这必将带来中西方媒体叙事方式的差异，比如西方媒体大肆报道非洲国家犯罪严重时，而中国媒体就侧重报道非洲国家如何打击犯罪以及取得的成效；当西方媒体报道中国企业劳资矛盾时，中国媒体侧重报道其为当地民众服务、创造就业岗位、承担社会责任、自觉保护环境的事实。中西媒体的不同报道视角，生产出差异化的话语权力，从而为非洲民众提供了看待自身问题的另一种视角。

非洲研究学者张艳秋将中国媒体报道非洲的新闻称作“有建设性意义的新闻”，称中国媒体报道非洲存在的问题是为了找到解决问题的答案，这样的报道以为非洲大陆带来一种新的平衡和希望为主旨。在这个主旨引导下的中国媒体还向读者抛出了一个问题：我们该如何去帮助他们？西方媒体尽管在报道事实，但如果仅仅报道负面事实眼看着问题日益恶化，这样必将不利于非洲的发展。因此，西方媒体普遍扮演了一种“监察者”的身份，而中国媒体则在做着“有建设性意义的新闻”。[①]

也许中国媒体朝着“建设性新闻”方向上努力，还需要提高自身的可信度、报道的专业度以及批评报道的程度，但中国媒体走进非洲已经助力非洲传媒在朝着更好的方向发展。正如专门从事中国媒体研究的南非威特沃特斯兰德大学研究学者鲍勃·维科萨说，对他个人而言，最理性的状态莫过于对抗性更强的西方媒体和建设性更强的中国媒体同时存在于非洲大陆，两者正在相互产生影响，最终这将只会对非洲及非洲媒体产生好的效应。[②] 这也许正是中国媒体对非洲传媒格局带来改变的最大意义所在。

三 中非新闻媒体交流与合作有关问题及建议

中非合作论坛设立以来，中非双方在政治、经济

① 信莲：《英媒点赞中国媒体：在非洲站稳脚跟，不回避敏感话题》，http：//world. chinadaily. com. cn/2015 – 05/13/content_ 20707569. htm，2015 年 5 月 13 日。

② 温胜华：《英媒：中国媒体正在帮助非洲媒体朝更好方向发展》，http：//oversea. huanqiu. com/article/2015 – 05/6396344. html，2015 年 5 月 11 日。

和文化等领域里的友好交流与合作出现了非常良好的发展势头，在经贸领域更是如此。目前，在人员、规模、层次和频率等方面，中非媒体交流与合作都还滞后于中非双方在其他领域的交流与合作。因此，我们在看到中非新闻媒体交流与合作取得很大进展的同时，更应该清楚地认识到其中存在的问题和挑战，并且采取务实有效的措施进行积极应对和解决，以推动中非新闻媒体交流与合作不断发展。

（一）中非新闻媒体交流与合作面临的问题

一是从报道内容看，中国媒体对中国的报道多，而对非洲的报道少。这就要求在非洲的中国媒体要多立足当地，报道非洲的发展，关注非洲的利益，如中国媒体报道在非中资企业也应该有非洲视角，要关注当地雇用非洲员工的待遇问题、中国企业在非开发可能涉及的环境保护问题等。

二是从报道形式看，中国媒体的非洲报道有的比较呆板，中国味太浓，容易让受众产生舆论导向性太强的认知。这要求中国记者逐步改变报道风格和叙事手法，讲出生动、有人情味、引人入胜的故事，讲好中国在非洲的故事。比如西方媒体在报道非洲时，通常从普通人物着手、小处着眼，运用个人的、叙事的方式来建构非洲报道的议题，从而化抽象的大问题为具象的可知可感的人与物，这值得中国媒体学习借鉴。

三是从采写方法看，中国记者在非洲记者站有时候编译稿件多，原创稿件少，深入采访稿件少。这就要求中国记者增强工作的自主性、主动性和原创性，国际新闻报道也要“走转改”，深入非洲社会，从而写出更加接地气的报道。

四是从媒体从业人员看，应更多地聘用当地的优秀人才。这要求中国媒体在布局非洲的过程中，要大力实施人才的本土化战略，要大胆重用当地的优秀传媒人才，这些人才能够帮助消除语言和文化的沟壑，帮助中国媒体更快融入当地媒体市场，增加中国媒体对当地受众的贴近性和吸引力。

（二）加强中非新闻媒体交流与合作的建议

首先，应将对中非媒体交流与合作的认识提高到战略层面。中非媒体交流与合作不仅事关中国对外宣传工作及其成效，还事关中非友好合作关系的发展和中国的现代化建设。可以这样认为，在媒体方面加强与非洲国家的交流与合作，是现阶段中国对外关系能够“有所作为”的一个重要领域，尤其是在当今世界的话语权仍处于西强我弱的情形下，应该将对中非媒体交流与合作的认识提高到战略层面。除了新闻单位，像中联部、外交部、国务院新闻办公室等党政部门，相关院校和研究机构，以及涉非企业等，都应重视和支持中非媒体交流与合作，并且注重和加强与非洲国家媒体的交往。

其次，要改进中非媒体报道的现状，需要加强中非媒体的合作交流，增加中非之间互派媒体记者工作。中国可邀请更多的非洲记者、编辑、专栏作家来华访问采访，也鼓励更多中国记者到非洲实地采访。中非记者之间的相互考察采访，能够加深他们对中非关系的认识和理解，也能将更真实的中国和非洲呈献给读者。但更为现实的措施是在重大议题的报道上，比如中非合作论坛、非洲联盟峰会等，中非主流媒体要紧密合作、加强选题策划、主动设置议题、实施联合采访，同时利用互联网等新媒体工具实现信息资源的及时共享。这样中非媒体在时效和内容上掌握了主动，就能掌握话语的主动权。

再次，要加强中非媒体和学者之间的双向交流，传播客观公正之声。在国际舆论场，中非话语权有时候会缺失，或者无力应对西方媒体的“他者”指责，这表明中非媒体需要加强交流互动，互学互鉴，更加了解彼此才能更好应对西方的负面舆论。同时，中非学者之间的交流需要增强，学者作为专业和客观的第三方代表，对中非交往的某一具体领域很熟悉，评价也更加理性，中非媒体将学者的声音传播出去，传播效果也会更好，更能得到西方“他者”的认同，在一定程度上会推动国际传媒更加理性看待中非关系。

最后，还要加强中非媒体从业人员的教育，培养双通的新闻人才。在中非关系的“自我”建构中，新闻从业者个体的“自我”意识形成至关重要，直接影响着建构何种“自我”呈现给国际受众。因此，加强中非媒体战略性互动的关键一环就是要加强对中非媒体从业人员的教育和培训，让他们熟悉中非关系的历史、现状和发展方向，让他们掌握中非合作的关键性领域，如经济、基建、贷款援助等专业知识，同时媒体从业人员要熟悉当前国际舆情态势和对非传播格局，这样他们在报道时才能发挥主动性、能动性和专业性。更为重要的是加强对中非新闻人才的培养，鼓励中国和非洲各国加强新闻人才的互派。鼓励中国学生到非洲各国进行学习，同时也欢迎更多非洲学子来中国学习新闻传播专业，这样就会培养出一批懂中国也懂非洲的双通人才。这类人才的培养，必将有利于中非媒体更好地实现“自我”建构。

总之，中非媒体交流与合作是中非关系的重要组成部分，对于双方加强了解、沟通思想具有不可替代的桥梁作用，对于彼此加强认识、深化友谊具有不可言喻的重要意义。中非友好合作不仅要“做好”，而且要“说好”。媒体交流与合作不仅是中非友好合作的重要组成部分，而且是中非友好合作的“传声筒”“扩音器”。中非关系顺利发展需要双方新闻媒体界加强沟通、增进交流、扩大共识、协调立场、携手共进、密切合作，共同营造一个客观公正、积极有益、良好友善的舆论环境。

参考文献

1. 习近平：《习近平谈治国理政》，外文出版社 2014 年版。

2. 习近平：《习近平谈治国理政》（第二卷），外文出版社 2017 年版。

3. 习近平：《决胜全面建成小康社会，夺取新时代中国特色社会主义伟大胜利——在中国共产党第十九次全国代表大会上的报告》，人民出版社 2017 年版。

4. 张宏明主编：《非洲发展报告 2011—2012》，社会科学文献出版社 2012 年版。

5 张宏明主编：《非洲发展报告 2014—2015》，社会科学文献出版社 2015 年版。

6. 卢嘉、戴佳：《国际主流电视媒体在非洲的发展策略探析》，《对外传播》2015 年第 7 期。

7. 刘鸿武：《非洲发展大势与中国的战略选择》，《国际问题研究》2013 年第 2 期。

8. 万京华：《新华社驻外机构的历史变迁研究》，《现代传播》2014 年第 10 期。

9. *Atlas of African Health Statistics* 2016：*Health Situation Analysis of the African Region*，World Health Organization，Regional Office for Africa.

10. *Global Tuberculosis Report* 2016，World Health Organization.

11. *World Malaria Report* 2016，World Health Organization.

12. *Medicines/finished pharmaceutical products list*，World Health Organization Prequalification of Medicines Programme，https：//extranet. who. int/prequal/content/prequalified – lists/medicines.

13. *WHO List of Prequalified Active Pharmaceutical Ingredients*（*APIs*），World Health Organization Prequalification of Medicines Programme，https：//extranet. who. int/prequal/content/active – pharmaceutical – ingredients – 0.

14. Ikon A O，*UK Newspaper coverage of Africa*：*A Content Analysis of The Guardian*，*and The Daily Mail from The Years* 1987 – 1989 *and* 2007 – 2009，Doctor dissertation，Department of Media and Communication，Uni-

versity of Leicester, 2016.

15. Mustafa H T. , *Gratifying the "Self" by Demonizing the "Other": A Call for Dialogue Not Monologues*, http://journals.sagepub.com/doi/pdf/10.1177/2158244014533707.

16. Stella M K. , *Africa in American Media: A Content Analysis of Newsweek Magazine's Portrayal of Africa*, 1988 - 2006, Undergraduate thesis, Saint Mary's College, Notre Dame.

17. Brookes H J. Suit, *Tie and a Touch of Juju - The Ideological Construction of Africa: A Critical Discourse Analysis of News on Africa in the British Press*, *Discourse and Society*, 1995.

18. Ebo B. , *American Media and African Culture*, Westport: Praeger, 1992.

吴传华，中国社会科学院西亚非洲研究所“民族问题与非洲发展”重大创新工程项目执行研究员，法学博士。曾任中国社会科学院西亚非洲研究所编辑部副主任、中国驻尼日利亚大使馆政治处主任、中国驻津巴布韦大使馆文化处主任等职。发表《中国对发非洲文化传播：现状与挑战》《关于中国对非洲文化传播战略布局的思考》等文章30余篇。荣获中国社会科学院优秀期刊奖、中国社会科学院优秀对策信息三等奖等奖项。

郭佳，法学博士，中国社会科学院西亚非洲研究所助理研究员，创新项目“‘一带一路’与推进中非人文交流研究”研究助理，发表学术论文十余篇。2000年12月—2002年12月在中国援刚果（布）医疗队工作，被刚果（布）总统德尼·萨苏-恩格索授予刚果忠诚勋章。

李玉洁，中国社会科学杂志社学术编辑。中国人民大学新闻学博士、统计学博士后，美国密苏里大学新闻学院、耶鲁大学环境与森林学院访问学者。出版《美国新闻观念史研究》《气候变化公众调查与传播研究》《国际新闻报道：前线与时限》等著作，在国内外核心期刊发表论文30余篇，主持参与20余项课题，以观察员身份参加多届联合国气候变化大会。曾获教育部“学术新人奖”、人力资源和社会保障部博士后面上资助一等奖、特别资助等奖项。

中国社会科学院西亚非洲研究所是根据毛泽东主席的指示于1961年7月4日创建的多学科综合性研究所，是目前中国规模最大、研究力量最集中的中东、非洲问题研究机构和智库。该所研究对象涉及中东、非洲74个国家和地区，重点研究当代中东、非洲地区，各国政治、经济、社会、民族、宗教、法律以及大国与中东、非洲，中国与中东、非洲等国际关系问题。主办学术期刊《西亚非洲》（双月刊），主编综合性年度研究报告集《中东黄皮书》和《非洲黄皮书》；主管中国社会科学院海湾研究中心和中国社会科学院西亚非洲研究所南非研究中心。全国性学术社团中国亚非学会和中国中东学会挂靠于该所。中国社会科学院研究生院西亚非洲研究系设在该所，招收和培养中东和非洲政治、经济和国际关系等专业方向的硕士和博士研究生，为国内中东非洲研究培养专业人才。经过近60年的发展，西亚非洲研究所已逐步成为国内外中东非洲研究领域的知名学术机构。

中国社会科学院国际合作局是负责组织推进全院对外学术交流合作的职能部门。中国社会科学院对外交流合作遍及100多个国家和地区，同海外160余个机构建立了协议交流关系，其中主要是各国科学院、国家级科研机构、高端智库、知名学府以及重要国际组织。对外学术交流的形式主要有学者互访、举办国际研讨会、合作研究、培训、出版等。近年来，每年中外学者互访达5000余人次，举办国际性学术会议150余场。与10余个国家的科研机构共同组织开展合作研究项目。近五年来，与国外知名学术出版社合作，对外翻译出版学术著作700余部。印行《中国社会科学》等16种英文学术期刊。在海外已建立形成中国研究中心网络。

中国社会科学出版社成立于1978年6月，是由中国社会科学院主管的一家以出版哲学社会科学学术著作为主的国家级出版社。1993年首批荣获中共中央宣传部和国家新闻出版总署授予的全国优秀出版社称号。中国社会科学出版社成立40周年以来，出版了大量人文社会科学学术精品，图书先后获得国家图书奖荣誉奖、国家图书奖、中国图书奖、中国出版政府奖图书奖、“中国好书”奖、中华优秀出版物奖、“三个原创一百”图书奖和全国优秀通俗理论读物奖等国家级奖励。在南京大学中国社会科学评价研究院发布的《中文学术图书引文索引》中，中国社会科学出版社图书被引综合排名在全国近600家出版社中位居第四；在中国文化走出去效果评估中心发布的《中国图书海外馆藏影响力研究报告》中，中国社会科学出版社海外馆藏影响力位列第一。近年来，中国社会科学出版社在《剑桥中国史》《中国社会科学院学者文选》等传统图书品牌的基础上，打造“中社智库”丛书，《理解中国》丛书、《中国制度》丛书等出版品牌，已经发展成为我国马克思主义理论的重要出版阵地、哲学社会科学出版重镇、国家高端智库成果的重要发布平台和中国学术“走出去”的主力军。